JN065447

公認心理師試験 事例問題の解き方本 PartⅣ

はしがき

　2018 年に始まった公認心理師試験は今回で 4 回目，したがって「事例問題の解き方本」も PartⅣということになります。事例問題は，今回も易しい問題から難しい問題まで様々なものが出題されており，出題者のご苦労が感じられます。個人的には，出題者の創意・工夫・意図を発見して，うまく説明することを常に目指しています。

　ところで，各年度の事例問題の解説をしているわけですから，その性格上改訂版を出すことができません。これまでの 3 冊を読み返してみると，「あまり良い説明ではない」と感じて，可能であれば修正したいものが，多くはないですがあるのは事実です。

　それをどうしたらいいか。思いついたのは，これまでの事例問題を内容別に，あるいはテーマ別に集めてそのポイントを示せば，読者の方々にとっては事例問題についての理解がさらに進むし，私にとっては事例の解説を修正できるという利点があります。それで，PartⅢでは 3 つのテーマ，⑴認知症，⑵児童虐待・高齢者虐待，⑶不登校・登校渋り，についての事例問題 27 問を後半に掲載しました。

　私の臨床経験は，児童相談所の心理職が始まりなので，今でも児童虐待に関するニュースがあると，そちらへ関心が向いてしまいます。最近も「一時保護でトラブル続出，児相苦慮」という記事がありました。私もかつて保護課長をしたことがあるので，その難しさを痛感した経験から，他人事とは思えませんでした。あらゆる相談に応じているのですから，児童相談所が虐待事例を扱うのは，時間的にも人的にも限度を超えています。なぜ，児童虐待に特化した機関（例えば，子ども支援センター）ができないのでしょうか。そんなことを考えながら過ごしています。

さて，PartⅣではさらに２つのテーマ，⑴うつ病・うつ状態，⑵発達障害・知的障害，についての事例問題25問を後半に集めました。これまでの事例問題の再掲ですが，前述したように修正したものもあります。PartⅢとPartⅣを合わせれば，テーマ別の重要問題として完璧なので，ご活用いただくことを念じております。

　最後に，これまで事例問題の解説は私１人で行ってきましたが，PartⅣから２名加わってもらい，３名で行うことにしました。２名とも大学の学生相談室でカウンセラーを長くしている公認心理師・臨床心理士です。適切な解説が期待できると思いますので，よろしくお願いいたします。

令和４年２月

元創価大学教授　山口勝己

目　次

I　2021年9月試験・全事例問題（38事例）解説

1　医　療

2　福　祉

3 教 育

4 産 業

5 司 法

6 その他

Ⅱ　２つの頻出項目（出題内容）について

1　うつ病・うつ状態関連の事例問題

【正答率と肢別解答率データについて】

各問題に，正答率と肢別解答率データを掲載しています。

2021 年 9 月 19 日試験については，辰已法律研究所が行った出口調査（受験者 1736 人の解答再現）に基づく正答率と肢別解答率データです。

2018 年〜2020 年の試験についても辰已法律研究所が行った当時の出口調査のデータを掲載しています。

正答率とは，正答した割合です。解答を 2 つ選ぶ問題の正答率は，2 つ全て解答したものの割合です。

肢別解答率とは，選択肢ごとの解答した割合です。

本書の内容・構成

◆事例問題は得点源！　2021年試験の全事例問題の解説を掲載！
　Ⅱでは，頻出の2つのテーマ（①うつ病・うつ状態，②発達障害・知的障害）の過去問を掲載！

　本書は，2021年（令和3年）9月19日に行われた第4回公認心理師試験の全事例問題・38問及び2018年〜2020年試験から頻出2テーマの問題25問をセレクトして解説しています。

◆これは便利！　問題・解説の表裏一体構成！

　冒頭に，分野・問題番号・項目・正答率の一覧表を掲載しています。そして，各事例問題を分野別に配置し，問題・解説を表裏一体構成で掲載しました。問題を解いてから，解説を読むことができます。

◆関連知識で知識の幅を広げよう！

　関連知識も適宜掲載しています。1事例を解くことに関連して，さらに知識の幅を広げることができます。

◆出口調査に基づく正答率と肢別解答率データを掲載！

　各問に辰已法律研究所が京都コムニタス（URL：https://www.sinri-com.com/）と協力して実施した出口調査に基づく正答率と肢別解答率データを掲載しています。

【執筆者一覧】

山口勝己　監著

大阪教育大学大学院教育学研究科修士課程修了

元創価大学教育学部教授（大学院文学研究科教育学専攻臨床心理学専修教授兼務）

・心理教育相談室長（2010〜2013）

（主著）子ども理解と発達臨床（単著）　北大路書房　2007

　　　　子どもと大人のための臨床心理学（共著）　北大路書房　2012

　　　　心理学概論　山口勝己・田村修一共著　創価大学通信教育部　2014

　　　　2019 年対策　公認心理師試験　事例問題の解き方本　辰已法律研究所　2019

　　　　公認心理師試験　事例問題の解き方本　Part Ⅱ　辰已法律研究所　2020

　　　　公認心理師試験　事例問題の解き方本　Part Ⅲ　辰已法律研究所　2021

南部康子

創価大学大学院文学研究科修士課程修了

創価大学学生相談室カウンセラー

千葉市スクールカウンセラー

臨床心理士・公認心理師

松尾香恵

創価大学大学院文学研究科修士課程修了

創価大学学生相談室カウンセラー

臨床心理士・公認心理師

　本書籍に掲載の公認心理師試験の事例問題は，一般財団法人日本心理研修センターのHP（http://shinri-kenshu.jp/）から転載しました。

I

2021年
9月試験
全事例問題
（38事例）
解　説

I　2021年9月試験・全事例問題（38事例）解説

分野	問題No.	項　目	正答率(%)	難解問題
医療(10)	65	認知症の人に対する心理支援	93.1	
	66	うつ	92.2	
	73	喪失	56.6	＊
	76	心理検査の結果等の統合と包括的な解釈	67.1	
	136	成人のパーソナリティ及び行動の障害〈F6〉	69.1	
	138	心理検査の結果等の統合と包括的な解釈	63.8	
	140	認知症	60.0	
	141	認知行動理論	72.1	
	143	支援者のケア	65.2	
	149	症状性を含む器質性精神障害〈F0〉	96.4	
福祉(5)	60	ソーシャル・サポート	89.3	
	64	災害時における支援	97.2	
	145	環境調整	94.6	
	150	ひきこもり	96.7	
	154	社会的養護	35.1	＊
教育(12)	61	自己制御	59.3	＊
	62	アセスメント	96.5	
	67	動機づけ	72.3	
	68	アクティブラーニング	82.4	
	74	学校危機支援	92.2	
	77	虐待への対応	86.1	
	139	教育関係者へのコンサルテーション	86.8	
	144	心的外傷後ストレス障害〈PTSD〉	91.4	

	146	いじめ	20.8	＊
	147	ソーシャル・スキルズ・トレーニング〈SST〉	64.2	
	151	生理的障害及び身体的要因に関連した行動症候群〈F5〉	97.0	
	152	教育関係者へのコンサルテーション	98.6	
産業(6)	70	ダイバーシティ	90.3	
	71	動機づけ理論	53.3	＊
	137	応用行動分析	9.4	＊
	142	気分（感情）障害〈F3〉	87.7	
	148	裁判員裁判	67.3	
	153	自殺予防	97.2	
司法(1)	69	更生保護制度	18.8	＊
その他(4)	59	考察	60.4	
	63	心理学における研究倫理	95.4	
	72	自己過程	77.1	
	75	成人のパーソナリティ及び行動の障害〈F6〉	87.7	

※　＊は，正答率60％未満の難解問題です。

2021−65

問65 70歳の女性A。長男の妻及び孫と暮らしている。Aは，1年ほど前に
軽度のAlzheimer型認知症と診断された。Aは，診断後も自宅近所のスポー
ツジムに一人で出かけていた。1か月ほど前，自宅をリフォームし，収納場
所が新たに変わった。それを機に，探し物が増え，スポーツジムで使う物が
見つけられなくなったため，出かけるのをやめるようになった。Aは，もの
の置き場所をどう工夫したらよいか分からず，困っているという。
　　Aに対して行うべき非薬物的介入として，最も適切なものを1つ選べ。
① ライフヒストリーの回想に焦点を当てた介入
② 日常生活機能を補う方法の確立に焦点を当てた介入
③ 有酸素運動や筋力強化など，複数の運動を組み合わせた介入
④ 物事の受け取り方や考えの歪みを修正し，ストレス軽減を図る介入
⑤ 音楽を聴く，歌うなどの方法によって構成されたプログラムによる介入

2021-65　認知症の人に対する心理支援

問65　70歳の女性A。長男の妻及び孫と暮らしている。Aは，1年ほど前に軽度の Alzheimer 型認知症と診断された。Aは，診断後も自宅近所のスポーツジムに一人で出かけていた。1か月ほど前，自宅をリフォームし，収納場所が新たに変わった。それを機に，探し物が増え，スポーツジムで使う物が見つけられなくなったため，出かけるのをやめるようになった。Aは，ものの置き場所をどう工夫したらよいか分からず，困っているという。

　　Aに対して行うべき非薬物的介入として，最も適切なものを1つ選べ。
① ライフヒストリーの回想に焦点を当てた介入
② 日常生活機能を補う方法の確立に焦点を当てた介入
③ 有酸素運動や筋力強化など，複数の運動を組み合わせた介入
④ 物事の受け取り方や考えの歪みを修正し，ストレス軽減を図る介入
⑤ 音楽を聴く，歌うなどの方法によって構成されたプログラムによる介入

　まず，選択肢を眺めると，ライフヒストリーの回想や日常生活機能を補う，筋力強化など，高齢者への支援についての問題だと思われる。次に，事例を読むとアルツハイマー型認知症と診断された70代の女性への介入だと分かる。

　非薬物的介入というのは，薬物を使わずに行う治療的アプローチのことで，心理療法やリハビリテーションなどがある。選択肢では，①は回想法，④は認知行動療法であり，③はリハビリテーションである。いずれも今困っていることに直接介入する方法ではないので，①③④は適切でない。

　Aが困っているのは，リフォーム後に収納場所が変わり探し物が増えたことなので，ものの置き場所をどう工夫するかというような，「②日常生活機能を補う方法の確立に焦点を当てた介入」が必要と判断できる。したがって，②が適切である。

　⑤も音楽によるストレス軽減を図る方法であるが，日常生活機能を補うことにならないので，⑤は適切でない。

選択肢の検討

① × 今困っていることに介入した方が良いので適切でない。
② ○
③ × ①と同様の理由で適切でない。
④ × ①と同様の理由で適切でない。
⑤ × 日常生活機能を補うことにならない。

解　答　②

【辰巳法律研究所の出口調査に基づく正答率と肢別解答率　1736人Data】

正答率 93.1%	肢1	肢2	肢3	肢4	肢5
	5.5%	93.1%	0.1%	1.0%	0.2%

着 眼 点

　選択肢を選んだ割合は，②93.1％と集中しており，易しい標準的な問題である。
　非薬物的介入法に関する基本的な知識も必要ではあるが，介入の対象者が何に困っているかに着目することで正解を選ぶことができる。
　アルツハイマー型認知症および類似の認知症高齢者とコミュニケーションを行うための方法にバリデーション法がある。これは，アメリカのソーシャルワーカーであるナオミ・ファイルが，従来の認知症ケアではなく，高齢者が尊厳を回復し，引きこもりに陥らないように援助する方法として構築した。介護者自身が変わり，介護を受ける側の世界を理解し，再び心を通わせることを目指している。認知症の高齢者のみならず，介護の専門職や介護を行う家族のためにも役立つ方法として，多くの高齢者施設で採用されている。

出典：一般社団法人　公認日本バリデーション協会　バリデーションとは
　　　http://validation.chu.jp/バリデーションとは/

2021−66

問 66　67 歳の男性Ａ，税理士。重度認知症の母親Ｂと二人で暮らしている。Ａは，Ｂの介護をしながら税理士の仕事をしている。Ａは，1 年前から集中力や思考力が低下して，仕事が捗らなくなった。ミスも増えたため，仕事を辞めようかと悩んでいた。物忘れ，不眠，食欲低下についてもかなり心配していた。Ａは，現在の状態がＢの初期症状と類似しているのではないかと心配し，医療機関を受診した。Ａは，手段的日常生活動作〈IADL〉に問題はなく，HDS-Rは 29 点，老年期うつ検査-15-日本版〈GDS-15-J〉は 13 点であった。

　　診断として疑われるＡの状態として，最も適切なものを 1 つ選べ。

① 　うつ病
② 　パニック症
③ 　前頭側頭型認知症
④ 　Lewy 小体型認知症
⑤ 　心的外傷後ストレス障害〈PTSD〉

2021-66　う　つ

> 問66　67 歳の男性 A，税理士。重度認知症の母親 B と二人で暮らしている。A は，B の
> 介護をしながら税理士の仕事をしている。A は，1 年前から集中力や思考力が低下して，
> 仕事が捗らなくなった。ミスも増えたため，仕事を辞めようかと悩んでいた。物忘れ，不
> 眠，食欲低下についてもかなり心配していた。A は，現在の状態が B の初期症状と類似し
> ているのではないかと心配し，医療機関を受診した。A は，手段的日常生活動作〈IADL〉
> に問題はなく，HDS-R は 29 点，老年期うつ検査-15-日本版〈GDS-15-J〉は 13 点で
> あった。
> 　　診断として疑われる A の状態として，最も適切なものを 1 つ選べ。
> ①　うつ病
> ②　パニック症
> ③　前頭側頭型認知症
> ④　Lewy 小体型認知症
> ⑤　心的外傷後ストレス障害〈PTSD〉

　まず，選択肢を眺めると，すべて診断名である。認知症に関するものが 2 つ
あり，どちらもあまり聞き慣れないものである。③前頭側頭型認知症とは，脳
の一部の組織が変性する遺伝性または原因不明の病気によって発生する一群の
認知症のことである。④Lewy 小体型認知症は，神経細胞の中に Lewy 小体が
認められることを特徴とする精神機能が失われていく認知症である。

　事例を読むと，認知症のようなエピソードが多いが，手段的日常生活動作
〈IADL〉には問題ないとある。次に，検査名と結果が並んでいる。

　HDS-R（長谷川式簡易認知評価スケールの改訂版）は，30 点満点の 20 点以下
で認知症の疑いが高いといわれる。事例の場合は 29 点なので，認知症の疑いは
低いといえる。したがって，③④は適切でない。

　次に，老年期うつ検査-15-日本版〈GDS-15-J〉は，7 点以上でうつの疑いが高
いといわれているので，事例の 13 点はうつの可能性が高い。したがって，①が
適切である。

　なお，パニック症は不安障害のひとつであるが，予期不安などの症状は見ら
れない。また，PTSD の症状も見られない。したがって，②⑤は適切でない。

選択肢の検討

① ○
② × パニック症の症状に当てはまらない。
③ × 認知症の疑いは低い。
④ × 認知症の疑いは低い。
⑤ × 心的外傷後ストレス障害〈PTSD〉の症状に当てはまらない。

解　答　　①

【辰已法律研究所の出口調査に基づく正答率と肢別解答率　1736人Data】

正答率 92.2%	肢1	肢2	肢3	肢4	肢5
	92.2%	0.3%	4.7%	2.5%	0.3%

着眼点

　選択肢を選んだ割合は，①92.2％と集中しており，易しい標準的な問題である。エピソードに注目することと，それぞれの検査に関する知識が必要である。

　老年期うつ検査-15-日本版〈GDS-15-J〉は，口頭で15の質問に「はい」か「いいえ」で答え，うつ症状の答えを1点として計算する。

　質問の内容は，「過去1週間の気分に最も近い答えを選んでください」，「1.基本的に自分の人生に満足していますか？（「いいえ」が1点）」，「2.活動的でなくなったり興味を失ったことはありましたか？（「はい」が1点）」，「3.常に幸福だと感じますか？（「いいえ」が1点）」などである。

　0〜4点がうつ症状なし，5〜10点が軽度のうつ病，11点以上が重度のうつ病という評価となる。

出典：医療法人昭和会グループ　ホームページ　http://syowakai.org/?page_id=2959
　　　MSDマニュアル　家庭版　https://www.msdmanuals.com

2021-73

問 73 50 歳の女性Ａ。抑うつ気分が続いているために精神科に通院し，院内の公認心理師Ｂが対応することになった。7か月前にＡの 17 歳の娘が交際相手の男性と外出中にバイクの事故で亡くなった。事故からしばらく経ち，Ａは，事故直後のショックからは一時的に立ち直ったように感じていたが，3か月ほど前から次第に抑うつ状態となった。「どうしてあの日娘が外出するのを止めなかったのか」と自分を責めたり，急に涙があふれて家事が手につかなくなったりしている。

　　ＢのＡへの対応として，<u>不適切なもの</u>を１つ選べ。

① 悲しみには個人差があるということを説明する。

② 娘の死を思い出さないようにする活動がないか，一緒に探索する。

③ Ａが体験している様々な感情を確認し，表現することを援助する。

④ 子どもを亡くした親が体験する一般的な反応について，情報を提供する。

⑤ 娘が死に至った背景について，多様な観点から見直してみることを促す。

2021-73　喪 失

問73　50歳の女性Ａ。抑うつ気分が続いているために精神科に通院し，院内の公認心理師Ｂが対応することになった。7か月前にＡの 17 歳の娘が交際相手の男性と外出中にバイクの事故で亡くなった。事故からしばらく経ち，Ａは，事故直後のショックからは一時的に立ち直ったように感じていたが，3か月ほど前から次第に抑うつ状態となった。「どうしてあの日娘が外出するのを止めなかったのか」と自分を責めたり，急に涙があふれて家事が手につかなくなったりしている。
　　ＢのＡへの対応として，不適切なものを1つ選べ。
①　悲しみには個人差があるということを説明する。
②　娘の死を思い出さないようにする活動がないか，一緒に探索する。
③　Ａが体験している様々な感情を確認し，表現することを援助する。
④　子どもを亡くした親が体験する一般的な反応について，情報を提供する。
⑤　娘が死に至った背景について，多様な観点から見直してみることを促す。

　　まず，選択肢を眺めると，公認心理師の対応は，Ａがトラウマ記憶と向き合うか避けるようにするかという違いのあることがわかる。

　　Ａは娘の事故死という記憶の断片をとらえて，必要以上に自分を責めている。それは，「どうしてあの日娘が外出するのを止めなかったのか」という後悔であり，それが繰り返されていると思われる。したがって，記憶の全体を整理して，自分を責めすぎていることを修正する必要がある。そのためには，辛い記憶と向き合うことになるが，③の「様々な感情を表現する」，⑤の「多様な観点から見直してみる」ことが治療の目標である。

　　外傷的出来事はいずれも独自のものであり，それぞれ異なった状況で起きる。したがって，①の「悲しみには個人差がある」のは当然である。また一方で，④の「子どもを亡くした親が体験する一般的な反応」もあるので，それを客観的に知っておくことも必要である。

　　以上のように，①③④⑤はいずれもトラウマ記憶に向き合うことになり，治療上の対応として適切である。しかし，②の「娘の死を思い出さないようにする活動」は，辛い記憶を回避することであり，悲しみという感情に慣れることができず，回避が強くなるという悪循環が生まれ，悲しみの感情がさらに強くなることもある。これでは過去の記憶にとらわれていて，ネガティブな考え方を修正することができない。したがって，②は不適切な対応である。

選択肢の検討

① ×　適切な対応である。

② ○　トラウマ記憶を回避することなので不適切な対応である。

③ ×　適切な対応である。

④ ×　適切な対応である。

⑤ ×　適切な対応である。

解　答　　②

【辰已法律研究所の出口調査に基づく正答率と肢別解答率　1736人Data】

正答率 56.6%	肢1	肢2	肢3	肢4	肢5
	8.4%	56.6%	2.4%	3.2%	29.3%

着眼点

　本事例問題の選択肢を選んだ割合は，②56.6%，⑤29.3%と二分され，「多様な観点から見直してみる」と考えた人が，意外に多いことがわかる。しかし，本事例のポイントは，選択肢に1つだけトラウマ記憶を回避するものがあるということに気づくということである。

　最近では，トラウマについて話しながら気持ちを整理していく認知行動療法が行われることが多い。その代表的な方法がエクスポージャー法（曝露療法）であり，治療者と一緒に決められた手続きにしたがって記憶を思い出し，これまでとは違う考え方を学んでいくことを治療目標としている。

出典：金　吉晴編　心的トラウマの理解とケア　第2版　じほう　2006

2021-76

問76 20歳の女性A，大学3年生。Aは，母親Bと精神科を受診した。Bによると，Aは，1か月前に親友が交通事故に遭うのを目撃してから，物音に敏感になり不眠がちで，ささいなことでいらいらしやすく，集中力がなくなったという。一方，初診時にAは，「事故のダメージはない。母が心配し過ぎだと思う」と声を荒げ，強い調子でBや医師の話をさえぎった。医師の依頼で，公認心理師CがAの状態把握の目的で心理検査を施行した。検査用紙を渡すと，Aはその場で即座に記入した。結果は，BDI-Ⅱは10点，IES-Rは9点であった。

　　CがAの心理検査報告書に記載する内容として，最も適切なものを1つ選べ。

① 心理検査の得点やBの観察，Aの様子からは，PTSDが推測される。

② 心理検査の得点からはAのPTSDの可能性は低いため，支援や治療が必要なのは過度に心配するBである。

③ 心理検査の得点からはPTSDの可能性が高いが，Aが否定しているため，結果の信ぴょう性に問題がある。

④ 心理検査の得点からはPTSDの可能性は低いが，その他の情報と齟齬があるため，再アセスメントが必要である。

（注：「PTSD」とは，「心的外傷後ストレス障害」である。）

2021-76　心理検査の結果等の統合と包括的な解釈

問76　20歳の女性A，大学3年生。Aは，母親Bと精神科を受診した。Bによると，A
は，1か月前に親友が交通事故に遭うのを目撃してから，物音に敏感になり不眠がちで，
ささいなことでいらいらしやすく，集中力がなくなったという。一方，初診時にAは，「事
故のダメージはない。母が心配し過ぎだと思う」と声を荒げ，強い調子でBや医師の話を
さえぎった。医師の依頼で，公認心理師CがAの状態把握の目的で心理検査を施行した。
検査用紙を渡すと，Aはその場で即座に記入した。結果は，BDI-Ⅱは10点，IES-Rは9
点であった。
　　CがAの心理検査報告書に記載する内容として，最も適切なものを1つ選べ。
①　心理検査の得点やBの観察，Aの様子からは，PTSDが推測される。
②　心理検査の得点からはAのPTSDの可能性は低いため，支援や治療が必要なのは過度
に心配するBである。
③　心理検査の得点からはPTSDの可能性が高いが，Aが否定しているため，結果の信ぴょ
う性に問題がある。
④　心理検査の得点からはPTSDの可能性は低いが，その他の情報と齟齬があるため，再
アセスメントが必要である。
（注：「PTSD」とは，「心的外傷後ストレス障害」である。）

　　まず，選択肢を眺めると，①③「PTSD，あるいはPTSDの可能性が高い」と
②④「PTSDの可能性は低い」に分けることができる。

　　PTSDを判断するために，2つの心理検査の結果を見ることにする。BDI-Ⅱ
はベックうつ病調査票であるが，17点以上が軽度のうつ状態で治療が必要であ
る。Aは10点なので，正常範囲である。IES-Rは改訂インパクト尺度であり，
22項目の質問から構成されていて，各項目は5点法（0　全くなし　1　少し　2
中くらい　3　かなり　4　非常に）で選ぶ。Aは9点なので，目撃した交通事
故によるストレスは小さいと思われる。したがって，PTSDの可能性は低いと
判断される。しかし，「物事に敏感になり不眠がちで，ささいなことでいらいら
しやすく，集中力がなくなった」ということなので，その情報と心理検査の結
果に齟齬があり，再度アセスメントの必要があると考えられる。以上のことか
ら，④が適切である。

選択肢の検討

① 　×　PTSD を推測できない。

② 　×　支援や治療の対象は母親ではない。

③ 　×　心理検査の得点からは PTSD の可能性は高くない。

④ 　○

解　答　　④

【辰已法律研究所の出口調査に基づく正答率と肢別解答率　1736 人 Data】

正答率 67.1%	肢 1	肢 2	肢 3	肢 4
	29.1%	0.4%	2.9%	67.1%

着 眼 点

　本事例問題の選択肢を選んだ割合は，①29.1%，④67.1%と二分されるが，PTSD に関して正反対の見立てである。①についてはBの観察，Aの様子からの推測であり，④については心理検査の結果とBの観察，Aの様子からの総合的な判断である。

　それほど難しい問題ではないが，BDI-Ⅱと IES-R の点数の読み取りができないと難しくなる。IES-R については，2019 年問 60 の事例問題の選択肢の 1 つになっているので，参照してほしい。

問136　20歳の女性A。Aは，無謀な運転による交通事故や自傷行為及び自殺未遂でたびたび救急外来に搬送されている。また，Aは交際相手の男性と連絡が取れないと携帯電話を壁に叩きつけたり，不特定多数の異性と性的関係を持ったりすることもある。現在，救急外来の精神科医の勧めで，公認心理師Bによる心理面接を受けている。初回面接時には，「Bさんに会えて良かった」と褒めていたが，最近では，「最低な心理師」と罵ることもある。Aは，礼節を保ち，にこやかに来院する日もあれば，乱れた着衣で泣きながら来院することもある。心理的に不安定なときは，「みんな死んじゃえ」と叫ぶこともあるが，後日になるとそのときの記憶がないこともある。

　　DSM-5の診断基準に該当するAの病態として，最も適切なものを1つ選べ。

① 双極Ⅰ型障害
② 素行症／素行障害
③ 境界性パーソナリティ障害
④ 反抗挑発症／反抗挑戦性障害
⑤ 解離性同一症／解離性同一性障害

2021-136　　成人のパーソナリティ及び行動の障害〈F6〉

問136　20歳の女性Ａ。Ａは，無謀な運転による交通事故や自傷行為及び自殺未遂でたびたび救急外来に搬送されている。また，Ａは交際相手の男性と連絡が取れないと携帯電話を壁に叩きつけたり，不特定多数の異性と性的関係を持ったりすることもある。現在，救急外来の精神科医の勧めで，公認心理師Ｂによる心理面接を受けている。初回面接時には，「Ｂさんに会えて良かった」と褒めていたが，最近では，「最低な心理師」と罵ることもある。Ａは，礼節を保ち，にこやかに来院する日もあれば，乱れた着衣で泣きながら来院することもある。心理的に不安定なときは，「みんな死んじゃえ」と叫ぶこともあるが，後日になるとそのときの記憶がないこともある。

DSM-5の診断基準に該当するＡの病態として，最も適切なものを1つ選べ。
① 双極Ｉ型障害
② 素行症／素行障害
③ 境界性パーソナリティ障害
④ 反抗挑発症／反抗挑戦性障害
⑤ 解離性同一症／解離性同一性障害

　まず，選択肢を眺めると，すべて診断名であることが分かる。事例を読むと，様々な行動障害および対人関係の難しさを抱えているケースであり，自傷行為と自殺未遂もあるケースの見立ての問題である。

　②は「Ａ．他者の基本的人権または年齢相応の主要な社会的規範または規則を侵害することが反復し持続する行動様式　Ｂ．この行動の障害が臨床的に著しい社会的，学業的，または職業的機能の障害を引き起こしている等」，④は「Ａ．少なくとも6カ月持続する拒絶的，反抗的，挑戦的な行動様式　Ｂ．その行動上の障害は社会的，学業的，または職業的機能に臨床的に著しい障害を引き起こしている等」であり，18歳までの学齢期に問題とされることが多くＡは20歳なので適切でない。①の双極性障害は，躁状態（気分が高まる）とうつ状態（気分が落ち込む）を繰り返すもので，激しい躁状態とうつ状態のある双極Ｉ型は入院が必要である。Ａの症状とは異なるので，①は適切でない。

　残るは③と⑤である。③の境界性パーソナリティ障害は，見捨てられ不安，理想化とこき下ろしで特徴づけられる不安定で激しい対人関係，性行為や無謀な運転などの自己破壊的な衝動，反復する自殺企図や自傷の繰り返し，気分反応性による感情の不安定性，激しい怒りや怒りの制御の困難，ストレスに関連

して生じる一過性の妄想様観念や解離などを示し，Aの病態と合致する。した
がって，③が適切である。

　⑤の解離性同一症／解離性同一性障害は，かつて多重人格と呼ばれた神経症
で，激しい苦痛や体験による心的外傷（トラウマ）が原因とされる。事例の最後
のところの「後日になるとその時の記憶がないこともある」というところだけ
を見ると該当するようにも思えるが，境界性パーソナリティ障害の項目にも，
「一過性の妄想様観念や解離」という症状があるので，その他の症状から⑤は
適切でないと判断される。

選択肢の検討

①　×　躁状態とうつ状態を繰り返す症状なので適切でない。
②　×　他者の基本的人権または年齢相応の主要な社会的規範または規則を侵
　　　　害するものなので適切でない。
③　○
④　×　拒絶的，反抗的，挑戦的な行動様式を示すものなので適切でない。
⑤　×　一人の人間の中に全く別の人格が複数存在するようになる症状なので
　　　　適切でない。

解　答　　③

【辰已法律研究所の出口調査に基づく正答率と肢別解答率　1736人Data】

正答率 69.1%	肢1	肢2	肢3	肢4	肢5
	4.3%	0.1%	69.1%	0.6%	25.7%

着 眼 点

　本事例問題の選択肢を選んだ割合は，③69.1%，⑤25.7%と二分される。したがって，③か⑤かで悩むところであるが，事例全体を読むと解離性同一性障害の症状だけではないことがわかる。すなわち，③の境界性パーソナリティ障害に該当する項目が多いことに気がつけば正解が得られる。

　②素行症／素行障害と④反抗挑発症／反抗挑戦性障害に関連したことで，DBD マーチと呼ばれるものがある。これは，Disruptive Behavior Disorder の略で，破壊的行動障害の行進と訳されている。すなわち，注意欠陥多動性障害（ADHD）→反抗挑戦性障害→素行障害（行為障害）と移行し，やがて反社会性パーソナリティ障害に至る経過のことをいう。

出典：齊藤万比古　青少年の心の障害と自立支援　国立国際医療センター国府台病院

2021−138

問138　28歳の男性A，会社員。Aは，人前に出ることはもともと苦手であったが，1年前に営業部署に異動してからは特に苦手意識が強くなり，部署内の会議への参加や，上司から評価されるような場面を避けがちになった。Bが実施した心理検査の結果，BDI-Ⅱの得点は 32 点，MAS のA得点は 32 点，L得点は5点，LSAS-Jの総得点は 97 点であった。

　　Aのアセスメントとして，最も適切なものを1つ選べ。

①　顕在性不安が強い。

②　抑うつ状態は軽度である。

③　軽度の社交不安が疑われる。

④　重度の強迫症状がみられる。

⑤　好ましく見せようとする傾向が強い。

2021-138　心理検査の結果等の統合と包括的な解釈

問138　28歳の男性A，会社員。Aは，人前に出ることはもともと苦手であったが，1年前に営業部署に異動してからは特に苦手意識が強くなり，部署内の会議への参加や，上司から評価されるような場面を避けがちになった。Bが実施した心理検査の結果，BDI-Ⅱの得点は32点，MASのA得点は32点，L得点は5点，LSAS-Jの総得点は97点であった。
　　Aのアセスメントとして，最も適切なものを1つ選べ。
① 顕在性不安が強い。
② 抑うつ状態は軽度である。
③ 軽度の社交不安が疑われる。
④ 重度の強迫症状がみられる。
⑤ 好ましく見せようとする傾向が強い。

　まず，選択肢を眺めると，①③④は不安障害の症状や程度であることが分かる。3種類の心理検査の結果からわかるAの状態のアセスメントについての問題である。BDI-Ⅱはベックの抑うつ質問票で，抑うつの重症度を測る検査である。29点以上は重度で，Aは32点なので重度に該当する。したがって，②は適切でない。MASはテーラーによる顕在的不安尺度で，不安特性を測る検査である。21点以上が重度の不安症で，Aは32点なので重度に該当する。したがって，①が適切である。

　LSAS-Jは社交不安障害について測定する尺度である。90点以上は重度で，Aは97点なので重度に該当する。したがって，③は適切でない。④の強迫症状についてのアセスメントの検査は実施していない。また，⑤の「好ましく見せようとする傾向が強い」に関しては，3種類の検査からそのような項目に該当する傾向は見られない。したがって，④⑤は適切でない。

選択肢の検討

① ○
② × 抑うつ状態は重度である。
③ × 重度の社交不安が疑われる。

④　×　強迫症状のアセスメントの検査は実施していない。

⑤　×　3種類の検査からそのような傾向は見られない。

解　答　　①

【辰已法律研究所の出口調査に基づく正答率と肢別解答率　1736人 Data】

正答率 63.8%	肢1	肢2	肢3	肢4	肢5
	63.8%	5.7%	21.1%	4.8%	4.4%

着 眼 点

　本事例問題の選択肢を選んだ割合は，①63.8%，③21.1%と二分される。

　3種類の心理検査の結果について，点数により重症度が判断できないと困難な問題である。③の「軽度の社交不安障害が疑われる」を選んだ人が比較的多かったが，「異動してからは特に（人前に出ることの）苦手意識が強くなり」とあるので，状態からは社交不安が強いと思われる。

　LSAS-J は，社会不安障害（Social Anxiety Disorder：SAD）の症状の重症度や治療の効果を評価する尺度の日本語版である。24項目で構成され，さまざまな社会的状況について恐怖や不安の程度と回避の程度を0〜3の4段階で採点し，その合計点で評価する。合計点は0〜144点であり，点数が高いほど症状が重いことになり，30点を超えると SAD が疑われ，90点以上だと重症である。評価の目安は以下のとおりである。

【LSAS-J　評価の目安】

約30点	境界域
50〜70点	中等度
70〜90点	中等度〜重度 仕事や社交面に何らかの支障を来している
90点以上	重度 仕事や社会活動に大きな支障を来している

朝倉聡他　LSAS 日本語版の信頼性および妥当性の検討　精神医学 44　2002 を改変

出典：朝倉聡他　LSAS 日本語版の信頼性および妥当性の検討　精神医学 44　2002

2021-140

問 140　65歳の女性Ａ，夫Ｂと二人暮らし。Ａは，半年前から動作が緩慢となり呂律が回らないなどの様子が見られるようになった。症状は徐々に悪化し，睡眠中に大声を上げ，暴れるなどの行動が見られる。「家の中に知らない子どもがいる。」と訴えることもある。Ｂに付き添われ，Ａは総合病院を受診し，認知症の診断を受けた。

　　Ａに今後起こり得る症状として，最も適切なものを１つ選べ。

① 　反響言語
② 　歩行障害
③ 　けいれん発作
④ 　食行動の異常
⑤ 　反社会的な行動

2021-140　認知症

問140　65歳の女性A，夫Bと二人暮らし。Aは，半年前から動作が緩慢となり呂律が回らないなどの様子が見られるようになった。症状は徐々に悪化し，睡眠中に大声を上げ，暴れるなどの行動が見られる。「家の中に知らない子どもがいる。」と訴えることもある。Bに付き添われ，Aは総合病院を受診し，認知症の診断を受けた。
　　Aに今後起こり得る症状として，最も適切なものを1つ選べ。
① 反響言語
② 歩行障害
③ けいれん発作
④ 食行動の異常
⑤ 反社会的な行動

　まず，選択肢を眺めると，いろいろな症状が示されている。

　事例の内容から，動作が緩慢で呂律が回らない，「家の中に知らない子どもがいる」といった幻覚の症状もあり，レビー小体型認知症である可能性が高いことが推察される。これは，認知機能の低下という点ではアルツハイマー型認知症に似ているが，パーキンソン症状と幻視を伴う点が特徴的である。

　さらにレビー小体型認知症の特徴は，手足の震え，筋肉のこわばり，動作が緩慢になるなどの諸症状が見られることである。また，視空間失認が強く見られる傾向もある。

　以上のことから，今後起こり得る症状としては，②の歩行障害が考えられる。したがって，②が適切である。

選択肢の検討

① ×　他人の言葉をまねて繰り返すのは緊張病（カタトニア）の症状の1つである。
② ○
③ ×　けいれん発作は認知症だけでなく，てんかんや他の病気でも生じることがある。
④ ×　前頭側頭型認知症の症状の1つである。
⑤ ×　前頭側頭型認知症の症状の1つである。

解 答　②

【辰巳法律研究所の出口調査に基づく正答率と肢別解答率　1736人Data】

正答率 60.0%	肢1	肢2	肢3	肢4	肢5
	5.3%	60.0%	6.9%	12.0%	15.7%

着 眼 点

　本事例問題の選択肢を選んだ割合は，②60.0%，④12.0%，⑤15.7%であり，誤答の④と⑤を合計すると30%近いので，比較的難しい問題と言えるであろう。

　現在の症状からどの型の認知症であるかを知ることで，今後起こり得る症状を予測できるということである。以下に，代表的な認知症の症状（中核症状）を示す。認知症／軽度認知障害はさまざまな病因によって生じ得るが，原因によって症状は異なる特徴がある。

・アルツハイマー病：記憶，学習，および少なくとも1つの他の認知領域の低下の証拠が明らかである。

・前頭側頭葉変性症：行動障害型と言語障害型があり，行動障害型では行動症状と，社会的認知および／または実行能力の顕著な低下，言語障害型は言語能力の顕著な低下がみられるが，いずれの型においても学習および記憶および知覚運動機能が比較的保たれている。

・レビー小体病：認知の動揺性とともに著しく変動する注意および覚醒度，幻視，パーキンソニズムが中核的な診断的特徴である（パーキンソニズムとは，パーキンソン病とは別の原因により生じる緩慢な動作や振戦などのパーキンソン病の症状のことである）。

・血管性疾患：認知機能低下が複雑性注意（処理速度も含む）および前頭葉性実行機能で顕著である証拠がある。

出典：福島哲夫他　認知症　公認心理師必携テキスト　学研　2018

2021-141

問 141　7歳の男児Ａ，小学1年生。入院治療中。Ａは，気管支喘息と診断さ
　れ通院治療を受けていた。喘息発作で救急外来を受診したとき，強引に押さ
　えられて吸入処置を受けた。それを機に，吸入器をみると大泣きするように
　なり，自宅での治療が一切できなくなった。そのため，発作により，救急外来
　を頻回に受診するようになり，最終的に入院となった。医師や看護師が吸入
　させようとしても大泣きして手がつけられず，治療スタッフが近づくだけで
　泣くようになったため，主治医から公認心理師に心理的支援の依頼があった。
　　Ａに対して行う行動療法的な支援の技法として，適切なものを1つ選べ。

① 　嫌悪療法
② 　自律訓練法
③ 　エクスポージャー
④ 　バイオフィードバック
⑤ 　アサーション・トレーニング

2021-141　認知行動理論

問141　7歳の男児Ａ，小学1年生。入院治療中。Ａは，気管支喘息と診断され通院治療を受けていた。喘息発作で救急外来を受診したとき，強引に押さえられて吸入処置を受けた。それを機に，吸入器をみると大泣きするようになり，自宅での治療が一切できなくなった。そのため，発作により，救急外来を頻回に受診するようになり，最終的に入院となった。医師や看護師が吸入させようとしても大泣きして手がつけられず，治療スタッフが近づくだけで泣くようになったため，主治医から公認心理師に心理的支援の依頼があった。
　　Ａに対して行う行動療法的な支援の技法として，適切なものを1つ選べ。
① 嫌悪療法
② 自律訓練法
③ エクスポージャー
④ バイオフィードバック
⑤ アサーション・トレーニング

　まず，選択肢を眺めると，すべて何らかの治療技法であることが分かる。

　喘息発作を持病に持つ7歳の少年に対して，発作が起きた時に必ず処置で使われる吸入器に対しての恐怖反応をなくすための行動療法的な支援の技法を選ぶ問題である。5つの中で行動療法的な技法と考えられるのは①と③である。

　①の嫌悪療法は，古典的条件づけに基づく行動療法の1つである。これは，好ましくない行動や思考を抑止するために，不快な刺激やイメージを条件反応的に形成する方法である。たとえば，アルコール依存症の患者に抗酒剤のような薬物を用いる方法，不快なイメージを用いる方法，電気ショックといった肉体的な苦痛を用いる方法など様々な嫌悪刺激が使われる。したがって，①は適切でない。

　③のエクスポージャー療法は，不安の原因になる刺激に段階的に触れることで，すなわち回避を中止して刺激に自然に触れることで，不安を消していく方法である。主に不安症やPTSD，強迫症に用いられる。治療者が同伴して，安全，安心を保証しながら行えるので，7歳の子どもにも適用できる。したがって，③が適切である。

　②の自律訓練法は，自己催眠やリラクゼーションを用いて，ストレスや不眠，食欲不振，便秘や下痢などの症状を緩和するための技法である。④のバイオフィードバックは，自律訓練法の一種で，心身症，自律神経の乱れ，不安障害，などの症状について効果があると言われている。⑤のアサーション・トレーニ

ングは，対人関係における対人スキルトレーニングである。以上のことから，
②④⑤は適切でない。

選択肢の検討

① ×　様々な嫌悪刺激が使われるので適切でない。
② ×　様々な症状を緩和するための技法であるが，本事例の場合は適切でない。
③ ○
④ ×　自律訓練法の一種であるが，本事例の場合は適切でない。
⑤ ×　対人スキルトレーニングなので適切でない。

解　答　　③

【辰已法律研究所の出口調査に基づく正答率と肢別解答率　1736人Data】

正答率 72.1%	肢1	肢2	肢3	肢4	肢5
	11.0%	5.9%	72.1%	4.5%	6.3%

着眼点

　選択肢を選んだ割合は，③72.1%で正答に集中していることが分かる。正答が70%程度なので，比較的難しい問題といえる。

　行動療法についての知識が必要であり，代表的なのがウォルピの系統的脱感作法である。これは，逆制止とエクスポージャー法（曝露法）を組み合わせたもので，弱い不安を感じる状況から強い不安を感じる状況までを記録した『不安階層表』をまず作成して，一番弱い不安を感じる状況から順番に体験して，段階的により強い不安状況に直面させ，その刺激に慣れさせていくという技法である（逆制止とは，不安や恐怖の感情を抑えるために，その感情と拮抗する反応：筋弛緩などを習得させることである）。

出典：e－ヘルスネット　エクスポージャー療法
　　　https://www.e-healthnet.mhlw.go.jp/information/dictionary/heart/yk-006.html

2021-143

問 143　25 歳の男性Ａ消防士。妻と二人暮らし。台風による大雨で川が大規模に反乱したため，Ａは救出活動に従事した。当初は被災住民を救出できたが，3日目以降は遺体の収容作業が多くなった。5日目を過ぎた頃から，同僚に，「自分は何の役にも立たない。何のために仕事をしているのか分からない。家ではいらいらして，妻に対してちょっとしたことで怒り，夜は何度も目を覚ましている」と話した。心配した同僚の勧めで，Ａは医療支援チームの一員である公認心理師Ｂに相談した。

　　この段階でのＢのＡへの対応として，最も適切なものを１つ選べ。

①　もう少し働き続ければ慣れると伝える。

②　職業の適性に関する評価が必要であることを伝える。

③　家庭では仕事のつらさについて話をしないよう勧める。

④　他の消防士も参加できるデブリーフィングの場を設ける。

⑤　急なストレス状況でしばしばみられる症状であることを伝える。

2021-143　支援者のケア

> 問 143　25歳の男性A消防士。妻と二人暮らし。台風による大雨で川が大規模に反乱し
> たため、Aは救出活動に従事した。当初は被災住民を救出できたが、3日目以降は遺体の
> 収容作業が多くなった。5日目を過ぎた頃から、同僚に、「自分は何の役にも立たない。
> 何のために仕事をしているのか分からない。家ではいらいらして、妻に対してちょっとし
> たことで怒り、夜は何度も目を覚ましている」と話した。心配した同僚の勧めで、Aは医
> 療支援チームの一員である公認心理師Bに相談した。
> 　　この段階でのBのAへの対応として、最も適切なものを1つ選べ。
> ①　もう少し働き続ければ慣れると伝える。
> ②　職業の適性に関する評価が必要であることを伝える。
> ③　家庭では仕事のつらさについて話をしないよう勧める。
> ④　他の消防士も参加できるデブリーフィングの場を設ける。
> ⑤　急なストレス状況でしばしばみられる症状であることを伝える。

　災害援助従事者への支援についての問題である。大きな災害が発生した後に
は、被災者だけでなく救援者もPTSDを発症する危険性は高くなる。本事例で
は、遺体の収容作業による無力感が大きいと思われ、災害発生後5日目を過ぎ
た頃から、消防士Aに特有のストレス症状が出ている。

　そこで、選択肢を眺めると、①は誤りで、慣れるどころか悪化してしまう。②
も誤りで、職業適性を疑うことでさらに自信をなくさせてしまう。③も誤りで、
つらさを溜め込まず誰かに話したほうがいいのである。したがって、①②③は
適切でない。

　④ではデブリーフィングがキーワードである。これは、災害や精神的ショッ
クを経験した人々に対して、災害直後の数日から数週間後の急性期に行われる
支援方法のことである。しかし最近では、PTSDの症状をかえって悪化させる
という否定的な報告もある。それは、トラウマ的体験を話すように促し、トラ
ウマ対処の心理教育を行うものだが、有害な刺激を与え、自然の回復過程を阻
害する場合があるからである。したがって、④は適切でない。

　⑤にのみ「急なストレス状況でしばしばみられる症状」（＝急性ストレス障害）
という記述があり、これを伝えることで自身の示す症状が正常な反応だという
認識に至り、回復につながるのである。したがって、⑤は適切である。

選択肢の検討

①　×　慣れるどころか悪化してしまう。
②　×　職業適性を疑うことで自信をなくさせてしまう。
③　×　つらさを溜め込まず，誰かに話したほうがいいのである。
④　×　PTSD の症状をかえって悪化させるという否定的な報告がある。
⑤　○

解　答　　⑤

【辰巳法律研究所の出口調査に基づく正答率と肢別解答率　1736 人 Data】

正答率 65.2%	肢1	肢2	肢3	肢4	肢5
	0.1%	1.8%	0.5%	32.3%	65.2%

着眼点

　本事例問題の選択肢を選んだ割合は，④32.3%，⑤65.2%と二分され，比較的難しい問題といえる。④を選んだ場合は，急性ストレス障害と伝えるだけでなく，何らかの手立てを考えて，心理教育の必要性を判断したものと思われる。

　デブリーフィング（debriefing）は元来，軍隊用語で「状況報告，事実確認」を意味し，戦地から帰還した兵士に戦況などを報告させることをいう。そこから心理的デブリーフィングは，トラウマとなるようなことを体験した人々がグループで話し合い，互いを理解しながら心の中のストレスを処理していくことが目的である。したがって，選択肢の④については，「他の消防士も参加できるデブリーフィングの場」ではなく，「トラウマを体験した人々が参加する場」が適切である。

　なお，公認心理師試験 2018.09 − 81 の選択肢④がデブリーフィングである。②のディセプション（deception）とともに調べておく必要がある。

出典：福島哲夫他　デブリーフィング　公認心理師必携テキスト　学研　2018

問 149　73歳の男性A，大学の非常勤講師。指導していた学生に新型コロナウイルスの感染者が出たため，PCR 検査を受けたところ，陽性と判定され，感染症病棟に入院した。入院時は，38℃台の発熱以外の症状は認められなかった。入院翌日に不眠を訴え，睡眠薬が処方された。入院3日目の夜になり突然，ぶつぶつ言いながら廊下をうろうろ歩き回る，病棟からいきなり飛び出そうとする，などの異常行動が出現した。翌日，明らかな身体所見がないことを確認した主治医から依頼を受けた公認心理師Bが病室を訪問し，Aに昨夜のことを尋ねると，「覚えていません」と活気のない表情で返事をした。

　　BのAへのアセスメントとして，最も適切なものを1つ選べ。

① 　うつ病
② 　せん妄
③ 　認知症
④ 　脳出血
⑤ 　統合失調症

2021-149　症状性を含む器質性精神障害〈FO〉

問149　73歳の男性Ａ，大学の非常勤講師。指導していた学生に新型コロナウイルスの感染者が出たため，PCR検査を受けたところ，陽性と判定され，感染症病棟に入院した。入院時は，38℃台の発熱以外の症状は認められなかった。入院翌日に不眠を訴え，睡眠薬が処方された。入院3日目の夜になり突然，ぶつぶつ言いながら廊下をうろうろ歩き回る，病棟からいきなり飛び出そうとする，などの異常行動が出現した。翌日，明らかな身体所見がないことを確認した主治医から依頼を受けた公認心理師Ｂが病室を訪問し，Ａに昨夜のことを尋ねると，「覚えていません」と活気のない表情で返事をした。
　　ＢのＡへのアセスメントとして，最も適切なものを1つ選べ。
① うつ病
② せん妄
③ 認知症
④ 脳出血
⑤ 統合失調症

　まず，選択肢を眺めると，①③⑤は病名，②④は症状であることがわかる。
　Ａの症状を列挙すると，「38℃台の発熱」「不眠で睡眠薬の処方」「異常行動の出現」「異常行動を覚えていない」「活気のない表情」等である。このうち異常行動の出現は，せん妄と認知症に見られることである。せん妄とは，高齢者に多く発症する意識障害の一種である。せん妄の症状は認知症と似ているが，せん妄は突然発症し，数時間から数週間にわたり症状が継続するが，症状は時間とともに変化する。また，せん妄は主に注意力に影響を及ぼし，認知症は主に記憶に影響を及ぼす。
　Ａの状態から認知症のように脳の機能低下があるとは思えないが，入院という環境の変化による心理的なストレスが引き金となって，せん妄を発症した可能性が高い。また，不眠で睡眠薬を服用したことも，薬品に含まれる成分への反応ということで考慮する必要がある。以上のことから，②が適切である。

選択肢の検討

①　×　うつ病の症状は見られない。

②　○

③　×　せん妄の症状と似ているが，認知症は持続性がある。

④　×　脳出血の関する記述はない。

⑤　×　統合失調症の特徴を示していない。

解　答　　②

【辰巳法律研究所の出口調査に基づく正答率と肢別解答率　1736人 Data】

正答率 96.4%	肢1	肢2	肢3	肢4	肢5
	0.5%	96.4%	2.0%	0.2%	0.7%

着 眼 点

　選択肢を選んだ割合は，②96.4%と集中しており，易しい標準的な問題である。

　せん妄の症状には，睡眠障害，幻覚・妄想，見当識障害，情動・気分の障害などがある。せん妄は，症状が1日のなかで変動するのが特徴で，数時間で人格・性格が急激に変わることもあり，症状が安定しない。大きく分けると，過活動型せん妄（興奮や過活動が主な症状となるせん妄），低活動型せん妄（無気力になり，活動が低下することが主な症状となるせん妄），混合型せん妄（過活動型と低活動型の両方の症状が現れるせん妄）の3つのタイプがある。

　原因としては，認知症などの疾患によるもの，加齢（高齢者であること）によるもの，薬の副作用によるもの，入院・手術などのストレスによるものが挙げられる。

出典：健康長寿ネット　せん妄

　　　https://www.tyojyu.or.jp/net/byouki/rounensei/senmou.html

2021-60

問60　32歳の女性A，2歳の子どもの母親。Aは，市の子育て支援センターで，公認心理師Bに育児不安について相談した。3年前に結婚により仕事を辞め，2年半前から夫の転勤でC市に住んでいる。夫は優しいが，仕事が忙しいため，Aは一人で家事や育児を行うことが多い。知り合いや友人も少なく，育児について気軽に相談できる相手がおらず，孤独感に陥るという。BはAに対し，地域の育児サロンなどに参加し，育児や自分の気持ちについて話すなど，子育て中の母親との交流を提案した。

　　BのAへの提案のねらいとして，最も適切なものを1つ選べ。

① 感情制御
② グリーフケア
③ 情緒的サポート
④ セルフ・モニタリング
⑤ ソーシャル・スキルズ・トレーニング〈SST〉

2021-60　ソーシャル・サポート

> 問60　32歳の女性Ａ，2歳の子どもの母親。Ａは，市の子育て支援センターで，公認心理師Ｂに育児不安について相談した。3年前に結婚により仕事を辞め，2年半前から夫の転勤でＣ市に住んでいる。夫は優しいが，仕事が忙しいため，Ａは一人で家事や育児を行うことが多い。知り合いや友人も少なく，育児について気軽に相談できる相手がおらず，孤独感に陥るという。ＢはＡに対し，地域の育児サロンなどに参加し，育児や自分の気持ちについて話すなど，子育て中の母親との交流を提案した。
> 　ＢのＡへの提案のねらいとして，最も適切なものを1つ選べ。
> ① 感情制御
> ② グリーフケア
> ③ 情緒的サポート
> ④ セルフ・モニタリング
> ⑤ ソーシャル・スキルズ・トレーニング〈SST〉

　まず，選択肢を眺めると，すべてカウンセリングの効果として期待できるものといえる。次に事例を読むと，育児不安を抱える母親に対して，気軽に相談できる相手が必要と判断し，育児サロン等への参加を勧めているのだと分かる。

　子育て中の母親との交流を提案していることから，選択肢の①感情制御，②グリーフケア，④セルフ・モニタリング，⑤ソーシャル・スキルズ・トレーニングといった，より専門的なサポートの中で効果が得られそうなことよりも，③情緒的サポートのような効果をねらっていると考えられる。

選択肢の検討

① 　×　感情を制御するのではなく，むしろ表現するように勧めていると思われる。

② 　×　親しい人との死別の悲嘆に関するケアなので，この事例には必要ない。

③ 　○

④ 　×　この提案のねらいとしては適切でない。

⑤ 　×　社会的なスキルを身につけるために行う訓練で，専門家の関わりが必要である。

解　答　　③

【辰巳法律研究所の出口調査に基づく正答率と肢別解答率　1736人Data】

正答率 89.3%	肢1	肢2	肢3	肢4	肢5
	0.5%	4.4%	89.3%	3.7%	1.8%

着眼点

　選択肢を選んだ割合は，③89.3％と集中しており，易しい標準的な問題といえる。提案の内容から，どのような効果をねらっているのかを考える必要がある。

　④のセルフ・モニタリングとは，社会心理学者のマーク・スナイダー（Mark Snyder）が提案した概念で，「周囲の状況や他者の行動に基づいて自身の行動や自己呈示（こう見られたいとい意図に合うよう振る舞うこと）が社会的に適切であるかを観察し，自身の行動をコントロールすること」と定義されている。社会的学習理論に基づく技法の1つで，自分自身の行動や生理学的変化，心理学的変化などをモニターすることで，たとえば毎日起床後に体重計に乗り，体重を測定・記録するなどがセルフ・モニタリングの例である。

出典：福島哲夫他　観察学習と社会的学習理論　公認心理師必携テキスト　学研
　　　2018

2021-64

問64　28歳の女性Ａ。Ａが生活する地域に大規模な地震が発生し，直後に被災地外から派遣された公認心理師Ｂが避難所で支援活動を行っている。地震発生から約３週間後に，ＡからＢに，「地震の後から眠れない」と相談があった。Ａの家は無事だったが，隣家は土砂に巻き込まれ，住人は行方不明になっている。Ａはその様子を目撃していた。Ａによれば，最近崩れる隣家の様子が繰り返し夢に出てきて眠れず，隣家の方向を向くことができずにいる。同居の家族から見ても焦燥感が強くなり，別人のようだという。

　　ＢのＡへの対応として，最も優先されるものを１つ選べ。

① ジョギングなどの運動を勧める。

② 生き残った者の使命について話し合う。

③ リラックスするために腹式呼吸法を指導する。

④ 行方不明になった住人が必ず発見されると保証する。

⑤ 現地の保健医療スタッフに情報を伝えることへの同意を得る。

2021-64　災害時における支援

> **問64**　28歳の女性Ａ。Ａが生活する地域に大規模な地震が発生し，直後に被災地外から派遣された公認心理師Ｂが避難所で支援活動を行っている。地震発生から約3週間後に，ＡからＢに，「地震の後から眠れない」と相談があった。Ａの家は無事だったが，隣家は土砂に巻き込まれ，住人は行方不明になっている。Ａはその様子を目撃していた。Ａによれば，最近崩れる隣家の様子が繰り返し夢に出てきて眠れず，隣家の方向を向くことができずにいる。同居の家族から見ても焦燥感が強くなり，別人のようだという。
> 　ＢのＡへの対応として，最も優先されるものを1つ選べ。
> ① ジョギングなどの運動を勧める。
> ② 生き残った者の使命について話し合う。
> ③ リラックスするために腹式呼吸法を指導する。
> ④ 行方不明になった住人が必ず発見されると保証する。
> ⑤ 現地の保健医療スタッフに情報を伝えることへの同意を得る。

　まず，選択肢を眺めると，生き残った者や行方不明の住人，現地の保健医療スタッフなど，災害支援についての問題だと推察できる。次に事例を読むと，地震災害後の対応だと分かる。

　Ａの訴えから，急性ストレス障害を発症している可能性がある。そのため，Ａへの対応として最も優先されるのは医療機関とつなげることである。したがって，⑤が適切である。

選択肢の検討

① ×　運動を勧められるような状態ではないので適切でない。
② ×　Ａが望んでいるわけではないのでする必要はない。
③ ×　必要なものではあるが，最も優先されるものではない。
④ ×　保証できることではないので適切でない。
⑤ ○

解　答　⑤

【辰已法律研究所の出口調査に基づく正答率と肢別解答率　1736 人 Data】

正答率 97.2%	肢 1	肢 2	肢 3	肢 4	肢 5
	0.2%	0.5%	1.9%	0.1%	97.2%

着 眼 点

　選択肢を選んだ割合は，⑤97.2％と集中しており，易しい標準的な問題である。
　急性ストレス障害〈ASD〉についての基本的な知識が必要である。急性ストレス障害では，外傷的出来事を直接的もしくは間接的に経験（事例では隣家が土砂に巻き込まれたのを目撃したこと）し，その心的外傷の記憶を繰り返し思い出し（事例では夢に出てくること），また思い出させる刺激を避け（事例では眠れない・隣家の方向を見ることができないこと），覚醒状態が進んでいる（事例では焦燥感等）などの症状が見られる。これらの症状は，外傷的出来事からすぐ（4 週間以内：事例では 3 週間後）に始まり 3 日間〜1 ヵ月未満で消失する。症状が 1 ヵ月以上持続すると心的外傷後ストレス障害〈PTSD〉と診断される。心的外傷後ストレス障害は，外傷的出来事の後しばらく経ってから（最大で 6 ヵ月後）発症する場合もある。急性ストレス障害の方が，心的外傷後ストレス障害に比べて予後が良いといわれている。
　最近は，複雑性 PTSD について話題になることが増えている。特に虐待との関連性が大きい。虐待による子どもの PTSD についての研究から，専門的な治療としてトラウマフォーカスド認知行動療法や親子相互交流療法などが実践されている。子どもの時に虐待などの過酷な体験が積み重なると，PTSD だけではなく，うつ病や各種の依存症などといった大人になってからも精神的に長期的な影響が残りやすいということを示唆した研究もある。

出典：MSD マニュアル　プロフェッショナル版　https://www.msdmanuals.com
　　　メリーヌ・クロアトル，リサ・R・コーエン，カレスタン・C・ケーネン　児童虐待を生き延びた人々の治療　中断された人生のための精神療法　金吉晴監訳　河瀬さやか，丹羽まどか，中山未知，田中宏美訳　星和書店

2021−145

問 145　14歳の男子Ａ，中学2年生。Ａは，生後間もない頃から乳児院で育ち，3歳で児童養護施設に入所した。保護者は所在不明でＡとの交流はない。Ａはおとなしい性格で，これまで施設や学校でも特に問題はみられなかったが，中学2年生の冬休み明けからふさぎ込むことが増えた。ある日，児童指導員Ｂに対して，「どうせ仕事なんだろう」，「なぜこんなところにいなくてはいけないんだ」と言いながら暴れた。また，「生きている意味がない」とメモを書き残して外出し，Ａが育った乳児院の近くで発見された。Ａの態度の変わりように困ったＢは，施設内の公認心理師ＣにＡへの対応を相談した。

　　ＣのＢへの助言・提案として，最も適切なものを1つ選べ。

①　Ａの自立支援計画の策定を始めるよう助言する。

②　児童相談所に里親委託の検討を依頼するよう提案する。

③　Ａが自分を理解してもらえないと感じるような，Ｂの対応を改善するよう助言する。

④　Ａには注意欠如多動症／注意欠如多動性障害(AD/HD)の疑いがあるため，医療機関の受診を提案する。

⑤　信頼できる大人との日常生活の中で，Ａが自分の人生を自然に振り返ることができるような機会が大切になると助言する。

2021-145　環境調整

問145　14歳の男子A，中学2年生。Aは，生後間もない頃から乳児院で育ち，3歳で児童養護施設に入所した。保護者は所在不明でAとの交流はない。Aはおとなしい性格で，これまで施設や学校でも特に問題はみられなかったが，中学2年生の冬休み明けからふさぎ込むことが増えた。ある日，児童指導員Bに対して，「どうせ仕事なんだろう」，「なぜこんなところにいなくてはいけないんだ」と言いながら暴れた。また，「生きている意味がない」とメモを書き残して外出し，Aが育った乳児院の近くで発見された。Aの態度の変わりように困ったBは，施設内の公認心理師CにAへの対応を相談した。

　　CのBへの助言・提案として，最も適切なものを1つ選べ。

① 　Aの自立支援計画の策定を始めるよう助言する。
② 　児童相談所に里親委託の検討を依頼するよう提案する。
③ 　Aが自分を理解してもらえないと感じるような，Bの対応を改善するよう助言する。
④ 　Aには注意欠如多動症／注意欠如多動性障害（AD/HD）の疑いがあるため，医療機関の受診を提案する。
⑤ 　信頼できる大人との日常生活の中で，Aが自分の人生を自然に振り返ることができるような機会が大切になると助言する。

　まず，選択肢を眺めると，①自立支援計画の策定，②里親委託の検討，③対応の改善，④医療機関の受診，⑤自分の人生を振り返る機会，と簡略化することができる。

　5つの選択肢のうち①③⑤は内部の問題であるが，②④は外部へ問題解決を求めるものである。一般的に自助努力をしてから，それでも困難な状況が続くのであれば，外部に協力してもらうことが必要になる。そこで，②の児童相談所に相談してもすぐに里親委託とはならず，Aと面接しアセスメントをしてから次の手立てを考えるであろう。また，医療機関を受診しても，Aの状態からADHDの診断はなされないと思われる。以上のことから，②④は適切でない。

　次に，内部で取り組めることとして①③⑤が挙げられる。①の自立支援計画の策定であるが，これは児童相談所の指導方針に基づいてすでに策定されており，修正あるいは変更するということである。そのためには，施設内の公認心理師によるアセスメントから始める必要がある。Aの状態は，指導員の対応にすべての原因があるとは思えない。しかし，③は指導員の責任を追及するようで，指導員に自信ややる気をなくさせたりすることになるであろう。以上のことから，①③は適切でない。

　残る⑤であるが，Aは生後間もない頃から施設で育ち，両親との交流もないなど，アタッチメントの形成に困難を抱えていると思われる。そういう状況で思春期を迎え，自分の人生を悲観的に捉え，生きている意味を見出せなくなってしまったのである。そんなAには信頼できる大人が必要である。自分の人生を振り返るのに寄り添ってくれる大人である。その存在が心の支えになって，人生に意味を見出せるようになるであろう。したがって，⑤が適切である。

選択肢の検討

① ×　自立支援計画はすでに策定されている。
② ×　児童相談所に相談してもすぐに里親委託とはならない。
③ ×　Aの状態の原因のすべてが指導員の対応にあるわけではない。
④ ×　Aの状態から ADHD という診断とはならないであろう。
⑤ ○

解　答　　⑤

【辰已法律研究所の出口調査に基づく正答率と肢別解答率　1736 人 Data】

正答率 94.6%	肢1	肢2	肢3	肢4	肢5
	2.8%	0.9%	1.3%	0.3%	94.6%

着 眼 点

　選択肢を選んだ割合は，⑤94.6%で正答に集中していることが分かる。易しい標準的な問題である。

　自分の人生を振り返る方法に自分史がある。自分史は，高齢になってから作るものというイメージがあるかもしれないが，若いうちに自分史を作ることにもメリットがある。自分史を作ることで自分をより理解し，これからの生き方を考えるきっかけになるからである。

　これに関連した心理療法として，アメリカの精神科医ロバート・バトラーが提唱した回想法がある。過去の経験や思い出を話し合うことで，精神を安定さ

せることを目的とする。さらに懐かしいことや楽しかった記憶がよみがえることで，穏やかな気持ちになり，自信や明るさを取り戻す効果があるという。

出典：福島哲夫他　回想法　公認心理師　必携テキスト　学研　2018

2021-150

問150　20歳の男性Ａ，大学１年生。Ａは，大学入学時に大学の雰囲気になじめずひきこもりとなった。大学の学生相談室への来室を拒否したため，Ａの両親が地域の精神保健福祉センターにＡのひきこもりについて相談し，両親が公認心理師Ｂと定期的な面接を行うことになった。面接開始後，１年が経過したが，Ａはひきこもりのままであった。Ａは，暴力や自傷行為はないが，不安や抑うつ，退行現象がみられている。留年や学業継続の問題については，両親が大学の事務窓口などに相談している。最近になり，両親が精神的な辛さを訴える場面が多くなってきている。

　　ＢのＡやＡの両親への支援として，不適切なものを１つ選べ。

① 　自宅訪問を行う場合，緊急時以外は，家族を介して本人の了解を得る。

② 　ひきこもりの原因である子育ての問題を指摘し，親子関係の改善を図る。

③ 　家族自身による解決力を引き出せるよう，家族のエンパワメントを目指す。

④ 　家族の話から，精神障害が背景にないかを評価する視点を忘れないようにする。

⑤ 　精神保健福祉センターや大学等，多機関間でのケース・マネジメント会議を行う。

2021-150 ひきこもり

問150 20歳の男性A，大学1年生。Aは，大学入学時に大学の雰囲気になじめずひきこもりとなった。大学の学生相談室への来室を拒否したため，Aの両親が地域の精神保健福祉センターにAのひきこもりについて相談し，両親が公認心理師Bと定期的な面接を行うことになった。面接開始後，1年が経過したが，Aはひきこもりのままであった。Aは，暴力や自傷行為はないが，不安や抑うつ，退行現象がみられている。留年や学業継続の問題については，両親が大学の事務窓口などに相談している。最近になり，両親が精神的な辛さを訴える場面が多くなってきている。
　　BのAやAの両親への支援として，下線部不適切なものを1つ選べ。
① 自宅訪問を行う場合，緊急時以外は，家族を介して本人の了解を得る。
② ひきこもりの原因である子育ての問題を指摘し，親子関係の改善を図る。
③ 家族自身による解決力を引き出せるよう，家族のエンパワメントを目指す。
④ 家族の話から，精神障害が背景にないかを評価する視点を忘れないようにする。
⑤ 精神保健福祉センターや大学等，多機関間でのケース・マネジメント会議を行う。

　まず，選択肢を眺めると，①自宅訪問，②親子関係の改善，③家族のエンパワメント，④精神障害，⑤ケース・マネジメント会議，が気になる言葉である。このうち①②③は，家族や親子がキーワードである。

　分かりやすいのは，④と⑤である。ひきこもりでは統合失調症などの精神障害が発症している場合があるので，精神障害が背景にないかを評価する視点は重要であり，④は適切である。関係機関が集まってケース・マネジメント会議を行うのは必要なことなので，⑤は適切である。

　①の自宅訪問は，Aにとっては自分の領域に他者が入ってくるというプレッシャーがあるので，他者への構えを作るという意味でも本人の了解を得る必要がある。したがって，①は適切である。③のエンパワメントは，人々が協力し，自分のことは自分の意思で決定しながら生きる力を身につけていこうという考え方で，息子のことは両親が協力しながら自発的に解決を目指すことなので，③は適切である。

　②はひきこもりの原因を子育ての問題と限定し，親子関係の改善を図ろうとするが，親子関係が悪いことはうかがえないので，②は適切でない。

選択肢の検討

① 　×　適切である。
② 　○　不適切である。ひきこもりの原因を子育ての問題と限定するのは間違いである。
③ 　×　適切である。
④ 　×　適切である。
⑤ 　×　適切である。

解　答　　②

【辰已法律研究所の出口調査に基づく正答率と肢別解答率　1736人 Data】

正答率 96.7%	肢1	肢2	肢3	肢4	肢5
	1.0%	96.7%	0.7%	0.4%	1.0%

着眼点

　選択肢を選んだ割合は，②96.7%と集中しており，易しい標準的な問題である。
　③のエンパワメント（empowerment）とは，「権限を与えること」「自信を与えること」「力を付けてあげること」などの意味を持つ英単語で，ビジネス，教育，福祉，看護や介護などのいろいろな分野で用いられている。
　もともとは，20世紀のアメリカで起こった市民運動や先住民運動などの公民権運動で提唱された考え方で，1980年代の女性の権利獲得運動を経て広がった。
　心理学におけるエンパワメントは援助技法の一つで，生活する力を失っているクライエントに対し，無力感を克服し，自らの問題を自ら解決し，自ら生活のコントロールをしていけるように援助することを意味する。すなわち，個人の持つ能力を尊重して，すべての人が潜在的に持っているパワーを再び生き生きと取り戻す援助をすることである。

出典：心理学用語集サイコタム　https://psychoterm.jp/

2021-154

問154　０歳の男児Ａ。18歳の母親Ｂは，医療機関に受診のないまま緊急の分娩によりＡを出産した。分娩自体は正常で，Ａの健康状態に問題はなかったが，母子の状態が安定するまで医療機関に入院となった。医療機関から連絡を受けた児童相談所がＢとの面接を実施したところ，Ｂは精神的に安定しているものの，Ａを養育する意思がなかった。また，経済的な問題もみられ，Ａの父親も不明であった。Ａを養育することが可能な親族も見当たらない。

　　この時点で考えられる主な措置先を2つ選べ。

① 乳児院
② 里親委託
③ 一時保護所
④ 児童自立支援施設
⑤ 母子生活支援施設

2021-154　社会的養護

問154　0歳の男児A。18歳の母親Bは，医療機関に受診のないまま緊急の分娩によりAを出産した。分娩自体は正常で，Aの健康状態に問題はなかったが，母子の状態が安定するまで医療機関に入院となった。医療機関から連絡を受けた児童相談所がBとの面接を実施したところ，Bは精神的に安定しているものの，Aを養育する意思がなかった。また，経済的な問題もみられ，Aの父親も不明であった。Aを養育することが可能な親族も見当たらない。
　　この時点で考えられる主な措置先を2つ選べ。
① 乳児院
② 里親委託
③ 一時保護所
④ 児童自立支援施設
⑤ 母子生活支援施設

　まず，選択肢を眺めると，機関または施設等であることがわかる。

　0歳児を預かれる場所は限られてくる。③一時保護所は，児童相談所における児童の一時預かりの場所であるが，0歳児を預かれるだけのスタッフや設備がないので，0歳児は乳児院への措置または一時保護委託を行う。したがって，③は措置先ではない。

　④児童自立支援施設は，不良行為をなし，又はなすおそれのある児童及び家庭環境その他の環境上の理由により生活指導等を要する児童を入所させ，又は保護者の下から通わせて，個々の児童の状況に応じて必要な指導を行い，その自立を支援し，あわせて退所した者について相談その他の援助を行うことを目的とする施設である（児童福祉法第44条）。したがって，④は措置先ではない。

　⑤母子生活支援施設は，配偶者のない女子又はこれに準ずる事情にある女子及びその者の監護すべき児童を入所させて，これらの者を保護するとともに，これらの者の自立の促進のためにその生活を支援することを目的とする施設である（児童福祉法第38条）。BとAは入所措置の対象となるが，BはAを養育する意思がないので，⑤は措置先とはならない。

　①乳児院は，乳児を入院させてこれを養育し，あわせて退所した者について相談その他の援助を行うことを目的とする児童福祉施設である（児童福祉法第37条）。したがって，①は措置先の一つとして考えることができる。

②里親委託は，児童相談所で保護した子どもを，養育することが適当である
と判断した里親に養育してもらうことである。あくまで，委託先は児童相談所
が決定する。この場合，親権者の意に反して措置を行うことはできないが，B
はAを養育する意思がないので，里親委託に同意するであろう。したがって，
②は措置先の一つとして考えることができる。

選択肢の検討

① ○

② ○

③ ×　0歳児を預かれるだけのスタッフや設備がない。

④ ×　不良行為により生活指導等を要する児童が措置される児童福祉施設で
ある。

⑤ ×　配偶者のない女子及びその者の監護すべき児童を入所させる児童福祉
施設である。

解　答　　①，②

【辰已法律研究所の出口調査に基づく正答率と肢別解答率　1736人Data】

正答率 35.1%	解答欄	肢1	肢2	肢3	肢4	肢5
	No.165	94.0%	1.2%	4.1%	0.0%	0.4%
	No.166	0.5%	35.2%	14.6%	1.0%	48.3%

着眼点

本事例問題の選択肢を選んだ割合は，一つは①94%，もう一つは②35.2%，⑤
48.3%であり，①乳児院を選ぶのは易しいが，②里親委託と⑤母子生活支援施設
では，どちらを選ぶか迷った人が多かったと言える。なお，①②③④は児童相
談所長が決定することであるが，⑤のみ福祉事務所長が入所の決定を行う。

　児童相談所は，一時保護した子どもを原則として一時保護所に入所させることになっている。しかし，必要に応じて民間の機関などに一時保護を委託することが認められている。これを一時保護委託という。

　「保護者のいない児童，あるいは，保護者に監護させることが不適当であると認められる児童（＝「要保護児童」）を養育することを希望する者であって，都道府県知事が適当と認める者」が里親である。里親委託とは，そのような児童を一時的に，あるいは継続的に自身の家庭に預かり養育することである。里親には，養育里親（養子縁組を目的とせずに，要保護児童を預かって養育する里親），専門里親（虐待された児童や非行等の問題を有する児童，及び身体障害児や知的障害児など，一定の専門的ケアを必要とする児童を養育する里親），養子縁組里親（保護者のない子どもや家庭での養育が困難で実親が親権を放棄する意思が明確な場合の養子縁組を前提とした里親），親族里親（3親等以内の親族の児童の親が死亡，行方不明，拘禁，入院や疾患などで養育できない場合の里親）の4つの種類がある。

出典：公益財団法人全国里親会　里親の種類と要件
　　　https://www.zensato.or.jp/know/s_kind

問61　5歳の男児A，幼稚園児。Aが4歳のときに，おやつが準備されるのを待てずに手が出てしまう，1歳下の弟とのきょうだいげんかが激しいといったことを母親が心配し，教育センターの公認心理師に相談するために来所した。Aには，母子関係の問題や発達的なつまずきはみられなかったため，月に1度の相談で経過をみていたところ，5歳の誕生日を過ぎた頃から，弟とのけんかが減った。おやつもすぐに食べずに待てるようになったとのことである。

　　Aの状態の背景に考えられる心理的発達として，最も適切なものを1つ選べ。

① 共同注意
② 自己抑制
③ 脱中心化
④ メタ認知
⑤ アタッチメント

2021-61　自己制御

> 問61　5歳の男児A，幼稚園児。Aが4歳のときに，おやつが準備されるのを待てずに手が出てしまう，1歳下の弟とのきょうだいげんかが激しいといったことを母親が心配し，教育センターの公認心理師に相談するために来所した。Aには，母子関係の問題や発達的なつまずきはみられなかったため，月に1度の相談で経過をみていたところ，5歳の誕生日を過ぎた頃から，弟とのけんかが減った。おやつもすぐに食べずに待てるようになったとのことである。
> 　Aの状態の背景に考えられる心理的発達として，最も適切なものを1つ選べ。
> ①　共同注意
> ②　自己抑制
> ③　脱中心化
> ④　メタ認知
> ⑤　アタッチメント

　まず，選択肢を眺めると，発達に関する言葉が並んでいるのが分かる。事例を読むと，5歳の誕生日を過ぎた頃からのエピソードで，やりたいことを我慢できるようになっている様子が見られるため，②自己抑制ができるようになったといえる。したがって，②が適切である。

　一見すると，③脱中心化と迷うかもしれない。脱中心化は，発達に伴い自己中心的状態を脱することである。前操作期（2～7歳）では多くの子どもが自己の視点だけだが，具体的操作期（7歳以降）では自己と他者の視点の違いが理解できるようになるといわれている。発達に関しては個人差があるので，5歳だから脱中心化ができていないとは言い切れないが，自己抑制の方が適切である。

　①共同注意とは，ある対象に対する注意を他者と共有することである。個人差はあるが，一般的には生後9ヵ月頃から他者の視線の方向へ自分の注意を向け，共同注意が形成できるようになるといわれる。

　④メタ認知とは，自分のことを客観的に捉えることである。メタ認知も脱中心化と同じように，就学以降に本格的なものが身につくと考えられているため，事例のAには当てはまらない。

　⑤アタッチメントは愛着のことで，事例のエピソードの中では愛着に関するものは特に触れられていない。

選択肢の検討

① 　×　　ある対象に対する注意を他者と共有することである。

② 　○

③ 　×　　発達に伴い自己と他者の視点の違いが理解できるようになることである。

④ 　×　　自分のことを客観的に捉えることである。

⑤ 　×　　事例のエピソードから愛着に関することは出てきていない。

解　答　　②

【辰已法律研究所の出口調査に基づく正答率と肢別解答率　1736人Data】

正答率 59.3%	肢1	肢2	肢3	肢4	肢5
	0.9%	59.3%	37.2%	1.2%	1.2%

着眼点

　本事例問題の選択肢を選んだ割合は，②59.3%，③37.2%であり，二分されていることがわかる。③の脱中心化を選んだ人が多かったということであるが，脱中心化は認識レベルのことであり，自分の観点と他者の観点が異なることを理解するようになることで，おおよそ7歳程度で脱中心化が始まるとされる。したがって，5歳の子どもには当てはまらない。

出典：中島義明他　現代心理学辞典　有斐閣　1999

2021-62

問62 22歳の男性Ａ，大学４年生。公認心理師Ｂが所属する大学の学生相談室に来室した。Ａは，６つの企業の就職面接に応募したが，全て不採用となり，就職活動を中断した。その後，就職の内定を得た友人が受講している授業に出席できなくなり，一人暮らしのアパートにひきこもり気味の生活になっている。Ａは，「うまく寝付けなくなって，何事にもやる気が出ず，自分でも将来何がしたいのか分からなくなって絶望している」と訴えている。

　　ＢのＡへの初期対応として，最も適切なものを１つ選べ。

① 就職活動を再開するよう励ます。
② 抑うつ状態のアセスメントを行う。
③ 保護者に連絡して，Ａへの支援を求める。
④ 発達障害者のための就労支援施設を紹介する。
⑤ 単位を取得するために，授業に出席することを勧める。

2021-62　アセスメント

> **問62** 22歳の男性A，大学4年生。公認心理師Bが所属する大学の学生相談室に来室した。Aは，6つの企業の就職面接に応募したが，全て不採用となり，就職活動を中断した。その後，就職の内定を得た友人が受講している授業に出席できなくなり，一人暮らしのアパートにひきこもり気味の生活になっている。Aは，「うまく寝付けなくなって，何事にもやる気が出ず，自分でも将来何がしたいのか分からなくなって絶望している」と訴えている。
>
> 　BのAへの初期対応として，最も適切なものを1つ選べ。
> ① 就職活動を再開するよう励ます。
> ② 抑うつ状態のアセスメントを行う。
> ③ 保護者に連絡して，Aへの支援を求める。
> ④ 発達障害者のための就労支援施設を紹介する。
> ⑤ 単位を取得するために，授業に出席することを勧める。

　まず，選択肢を眺めると，就職活動中の学生への支援に関わることだと予想される。事例を読むと，就職活動がうまくいかずにひきこもり気味になっている学生への初期対応について聞かれていると分かる。初期対応としては，Aの状態についてのアセスメントが最優先事項である。

　②のアセスメントの結果，抑うつ状態が深刻であれば，③の保護者へ連絡して支援してもらう必要性が出てくるし，選択肢にはないが医療機関を勧める必要性も出てくる。抑うつ状態が深刻なものでなければ，①の就職活動の再開や⑤の授業の出席を勧めることも考えられる。また，アセスメントの中で，④の発達障害の傾向があるようなら，Aの希望も聞いた上で，就労支援施設を紹介することも考えられる。

選択肢の検討

① × 相談を継続する中で，Aの状態が変わってくれば提案するかもしれないが，初期対応としては適切でない。

② ○

③ × まずは，Aの状態をアセスメントしてからのことである。

④ × Aの特性で発達障害の可能性があったり，Aが希望するようなら，紹介することもあり得るが，初期対応としては適切でない。

⑤ × ①と同様の理由で適切でない。

解 答 ②

【辰巳法律研究所の出口調査に基づく正答率と肢別解答率　1736人 Data】

正答率 96.5%	肢1	肢2	肢3	肢4	肢5
	0.2%	96.5%	2.8%	0.0%	0.4%

着 眼 点

　選択肢を選んだ割合は，②96.5%と集中しており，易しい標準的な問題である。
　抑うつ状態の程度によってその後の対応が違ってくるため，初期対応として抑うつ状態のアセスメントは重要である。

2021-67

問 67　小学3年生のある学級では，1学期の始めから学級での様々な活動に対し積極的で自主的に取り組む様子がみられた。そこで，児童のやる気をさらに高めるために，児童が行った活動に点数をつけて競わせることが試みられた。その結果，2学期になると，次第に点数のつかない活動では，児童の自主的な取組がみられなくなり，3学期になるとさらにその傾向が顕著になった。

　　この現象を説明するものとして，最も適切なものを1つ選べ。
① 学級風土
② 遂行目標
③ 期待価値理論
④ ピグマリオン効果
⑤ アンダーマイニング効果

2021-67　動機づけ

問67　小学3年生のある学級では，1学期の始めから学級での様々な活動に対し積極的で自主的に取り組む様子がみられた。そこで，児童のやる気をさらに高めるために，児童が行った活動に点数をつけて競わせることが試みられた。その結果，2学期になると，次第に点数のつかない活動では，児童の自主的な取組がみられなくなり，3学期になるとさらにその傾向が顕著になった。
　　この現象を説明するものとして，最も適切なものを1つ選べ。
① 学級風土
② 遂行目標
③ 期待価値理論
④ ピグマリオン効果
⑤ アンダーマイニング効果

　まず，選択肢を眺めると，教育心理学に関する用語が並んでいる。学級に関するもの（①）と，動機づけに関すること（③⑤），教師と児童生徒間に関するもの（②④）に分けられる。

　事例を読むと，児童たちは初め様々な活動に対して積極的で自主的に取り組んでいたのが，行った活動に点数をつけられてから自主的に取り組まなくなってしまったとあるので，動機づけに関すること（③⑤）に絞られ，内容からアンダーマイニング効果だと分かる。

　⑤アンダーマイニング効果とは，元々は内発的動機づけで行っていた行動に，報酬（点数）などといった外発的動機づけが加えられることで，モチベーションが減ってしまう現象のことをいう。③期待価値理論も動機づけに関する代表的な理論であり，行動の生起は目標達成への期待と目標の価値（誘因価）との関数であると仮定し，その時点で可能な複数の行動のうち，（目標達成の可能性を考えつつ）最も高い価値をもった目標を有する行動を選択するという立場をとる。以上のことから，③は適切でなく，⑤が適切である。

　教師と児童生徒間に関する②遂行目標とは，自分の能力を高く評価してもらいたい，または低い評価を避けたいとする目標のことである。同様に④ピグマリオン効果とは，児童や生徒に対する教師が持つ期待が，その児童や生徒の能力の向上につながる現象のことである。また，①学級風土とは，その学級が持つ雰囲気のことである。以上のことから，①②④は適切でない。

選択肢の検討

① ×　この現象を説明するのには適切でない。
② ×　この事例では目標に関する記述はないので適切でない。
③ ×　この事例には当てはまらないので適切でない。
④ ×　この事例には当てはまらないので適切でない。
⑤ ○

解　答　⑤

【辰巳法律研究所の出口調査に基づく正答率と肢別解答率　1736人 Data】

正答率 72.3%	肢1	肢2	肢3	肢4	肢5
	0.5%	3.6%	19.5%	4.0%	72.3%

着 眼 点

　本事例問題の選択肢を選んだ割合は，③19.5%，⑤72.3%であり，アンダーマイニング効果のことを知らないと期待価値理論を選択してしまう危険性がある。

　アンダーマイニング（undermining）効果は，内発的動機づけを台無しにしてしまう報酬などによる外発的動機づけのことを意味するが，それに関連したことでエンハンシング（enhancing）効果というものがある。

　エンハンシング効果とは，言語的な外発的動機づけ（ほめられること）によって内発的動機づけが高まる現象のことである。これに関する実験では，ハーロック（1925）が行った賞罰実験がよく知られている。その結果，3つのグループのうち，ほめられ続けたグループは徐々にやる気が向上し，成績が上がったという。その後の研究では，能力や結果をほめるのではなく，努力や過程をほめるのが効果的であることが分かっている。以上のように，エンシング効果とは外発的動機づけによって内発的動機づけが高まることを意味する。

出典：中島義明他　心理学辞典　有斐閣　1999

問68　45歳の男性A，小学校に勤務しているスクールカウンセラー。Aが勤務する小学校では，「ともに学び，ともに育つ」という教育目標のもとで，「支え合う学級集団づくり」に取り組んでいた。Aは，5年生の担任教師からクラスの児童同士の人間関係の改善や児童相互の理解を豊かにするための授業を実施してほしいと依頼を受けた。そこで，Aは児童がより主体的・対話的で深い学びができるように，アクティブラーニングを取り入れた授業を行うことにした。

　　Aが行うアクティブラーニングの視点を用いた指導法として，最も適切なものを1つ選べ。

① 児童の個性に合うように，複数の方法で教える。
② 学習内容が定着するように，内容を数回に分けて行う。
③ 全員が同じ内容を理解できるように，一斉に授業を行う。
④ 全員が正しく理解できるように，原理を積極的に解説する。
⑤ 具体的に理解できるように，例話の登場人物のセリフを考えさせる。

2021-68　アクティブラーニング

> **問68**　45歳の男性Ａ，小学校に勤務しているスクールカウンセラー。Ａが勤務する小学校では，「ともに学び，ともに育つ」という教育目標のもとで，「支え合う学級集団づくり」に取り組んでいた。Ａは，５年生の担任教師からクラスの児童同士の人間関係の改善や児童相互の理解を豊かにするための授業を実施してほしいと依頼を受けた。そこで，Ａは児童がより主体的・対話的で深い学びができるように，アクティブラーニングを取り入れた授業を行うことにした。
> 　Ａが行うアクティブラーニングの視点を用いた指導法として，最も適切なものを１つ選べ。
> ① 児童の個性に合うように，複数の方法で教える。
> ② 学習内容が定着するように，内容を数回に分けて行う。
> ③ 全員が同じ内容を理解できるように，一斉に授業を行う。
> ④ 全員が正しく理解できるように，原理を積極的に解説する。
> ⑤ 具体的に理解できるように，例話の登場人物のセリフを考えさせる。

　まず，選択肢を眺めると，学習指導についての問いであると推測できる。事例を読むと，アクティブラーニングに関することだと分かり，これは主体的・対話的・能動的な学習のことである。一般的には，発見学習・問題解決学習・体験学習・討論・ディベート・グループ活動などを有効に取り入れた学習のことである。その視点を用いた指導法としては，「例話の登場人物のセリフを考えさせる」という⑤が，最も適切である。

　①の「複数の方法で教える」，②の「内容を数回に分けて行う」，③の「一斉に授業を行う」，④の「原理を積極的に解説する」は，いずれも従来通りの「教師が児童に教える」というやり方である。そこには，児童が自ら問題を発見したり，解決したりという視点は見られない。したがって，①②③④は適切でない。

選択肢の検討

① × 「複数の方法で教える」は，従来の教師が教えるというやり方である。

② × 「内容を数回に分けて行う」は，従来の教師が教えるというやり方である。

③ × 「一斉に授業を行う」は，従来の教師が教えるというやり方である。

④ × 「原理を積極的に解説する」は，従来の教師が教えるというやり方である。

⑤ ○

解 答 ⑤

【辰巳法律研究所の出口調査に基づく正答率と肢別解答率 1736人 Data】

正答率 82.4%	肢1	肢2	肢3	肢4	肢5
	11.5%	4.8%	0.6%	0.5%	82.4%

着 眼 点

　選択肢を選んだ割合は，⑤82.4％と集中しており，比較的易しい標準的な問題である。アクティブラーニングに関する基礎的な知識が必要である。

　文部科学省の学習指導要領改訂では，「何ができるようになるか」「何を学ぶか」「どのように学ぶか」を具体的に示しており，その中の「どのように学ぶか」の具体的手法としてアクティブラーニングがあげられている。これには，「主体的な学び」「対話的な学び」「深い学び」という重要な3つのポイントがある。

　しかし，曖昧な表現であるアクティブラーニングという用語が一人歩きし，現場が混乱したので，代わりに「主体的・対話的で深い学び」という言葉が用いられている。いずれにせよ，方法論ではなく学習に対する姿勢を指しているのである。

出典：文部科学省　新しい学習指導要領の考え方―中央教育審議会における議論から
　　　改訂そして実施へ―

問74　35歳の女性A，公立中学校のスクールカウンセラー。近隣の中学校で，いじめが原因と疑われる生徒の自殺が起きた。Aは，教育委員会から緊急支援のために当該中学校に派遣された。Aは，緊急支援の内容を事前に校長と相談した上で，介入を行うこととなった。中学校の現在の様子は，生徒の保健室の利用が増えてきており，生徒や保護者の間では，自殺についての様々な憶測や噂も流れ始めている。

　　Aが行う緊急支援として，<u>不適切なもの</u>を1つ選べ。

① 動揺している生徒に対して，個別に面接を行う。

② 動揺している保護者に対して，個別に面接を行う。

③ 教師に対して，自身の心身のケアについての心理教育を行う。

④ 自殺した生徒に対するいじめの有無について，周囲の生徒から聞き取りを行う。

⑤ 教師に対して，予想される生徒のストレス反応とその対処についての心理教育を行う。

2021-74 学校危機支援

> 問74 35歳の女性A，公立中学校のスクールカウンセラー。近隣の中学校で，いじめが原因と疑われる生徒の自殺が起きた。Aは，教育委員会から緊急支援のために当該中学校に派遣された。Aは，緊急支援の内容を事前に校長と相談した上で，介入を行うこととなった。中学校の現在の様子は，生徒の保健室の利用が増えてきており，生徒や保護者の間では，自殺についての様々な憶測や噂も流れ始めている。
> 　Aが行う緊急支援として，不適切なものを1つ選べ。
> ① 動揺している生徒に対して，個別に面接を行う。
> ② 動揺している保護者に対して，個別に面接を行う。
> ③ 教師に対して，自身の心身のケアについての心理教育を行う。
> ④ 自殺した生徒に対するいじめの有無について，周囲の生徒から聞き取りを行う。
> ⑤ 教師に対して，予想される生徒のストレス反応とその対処についての心理教育を行う。

　まず，選択肢を眺めると，①②個別面接，③⑤心理教育であり，一方，④聞き取りであり，これだけ異質であることがわかる。

　本事例は，スクールカウンセラーに求められる役割に関するものである。役割の中心は面接であり，対象は生徒および保護者である。この場合，助言指導で終わる場合と継続的な面接（カウンセリング）になることもある。したがって，①②は適切である。

　役割の中心のもう一つはコンサルテーションであり，対象は教師である。コンサルテーションは，専門家が別の専門家に助言指導することであり，いじめが原因と疑われる生徒の自殺といった困難な問題では，生徒のストレス反応が予想されるだけでなく，教師自身に大きなストレスがかかることも考えられる。そのため，教師に対して生徒のストレス反応への対処の仕方や教師自身の心身のケアについての心理教育を行うことが必要である。したがって，③⑤は適切である。

　④のいじめの有無を生徒から聴き取ることは，スクールカウンセラーの業務ではなく，教育委員会と学校が協力して行うことである。したがって，④が不適切である。

選択肢の検討

① ×　適切である。
② ×　適切である。
③ ×　適切である。
④ ○　教育委員会と学校が行うことで，不適切である。
⑤ ×　適切である。

解　答　　④

【辰已法律研究所の出口調査に基づく正答率と肢別解答率　1736 人 Data】

正答率 92.2%	肢1	肢2	肢3	肢4	肢5
	0.2%	3.9%	2.8%	92.2%	0.7%

着 眼 点

　選択肢を選んだ割合は，④92.2%と集中しており，易しい標準的な問題である。
　本事例問題は，スクールカウンセラーの役割がわかっていれば，正解を得ることができる。2019.08 − 44 では，「スクールカウンセラーに求められる役割として，最も適切なものを１つ選べ」という問題が出されており，選択肢は「①チーム学校の統括，②児童生徒への学習指導，③教職員へのスーパービジョン，④心理的問題などへの予防的対応」であり，正解は④であった。

2021-77

問77　7歳の男児A，小学1年生。Aは，スクールカウンセラーBの相談室の開放時間に，よく訪れていた。最近，Aが学校に連絡なく2日間欠席したため，担任教師と一緒にBがA宅を家庭訪問した。Aは，アパートの階段下に座っていたが，最初，Bらの質問に何も答えなかった。やがて，「お父さんがお母さんを叩いている。家ではけんかばかりだし，僕も叩かれることがある」と話した。「他の人にけんかのことを話すとお父さんお母さんに叱られる」とも訴えた。

　　　Bや学校がとるべき初期対応として，最も適切ものを2つ選べ。

①　Aの両親と面談をして，信頼関係の構築を図る。

②　Aの両親のけんかの原因や頻度などを詳しく質問する。

③　児童虐待の確証が得られるよう，近隣住民ら情報収集をする。

④　Aから聞いた発言やその際の表情・態度をそのまま記録しておく。

⑤　校内で協議の上，市町村の虐待対応担当課又は児童相談所に通告する。

2021−77　虐待への対応

> **問77**　7歳の男児A，小学1年生。Aは，スクールカウンセラーBの相談室の開放時間に，よく訪れていた。最近，Aが学校に連絡なく2日間欠席したため，担任教師と一緒にBがA宅を家庭訪問した。Aは，アパートの階段下に座っていたが，最初，Bらの質問に何も答えなかった。やがて，「お父さんがお母さんを叩いている。家ではけんかばかりだし，僕も叩かれることがある」と話した。「他の人にけんかのことを話すとお父さんお母さんに叱られる」とも訴えた。
> 　Bや学校がとるべき初期対応として，最も適切ものを2つ選べ。
> ①　Aの両親と面談をして，信頼関係の構築を図る。
> ②　Aの両親のけんかの原因や頻度などを詳しく質問する。
> ③　児童虐待の確証が得られるよう，近隣住民ら情報収集をする。
> ④　Aから聞いた発言やその際の表情・態度をそのまま記録しておく。
> ⑤　校内で協議の上，市町村の虐待対応担当課又は児童相談所に通告する。

　まず，選択肢を眺めると，夫婦喧嘩ととらえるか（①②），虐待ケースとしてとらえるか（③④⑤）によって，意見が分かれる。

　単純に夫婦喧嘩ととらえるならば，Aが欠席したので家庭訪問したという理由で両親と面談することは可能である。しかし，Aは「他の人にけんかのことを話すとお父さんお母さんに叱られる」と訴えたので，夫婦喧嘩のことを話題にすることはできない。そんな状況で両親と信頼関係の構築を図ることは難しい。また，両親のけんかの原因や頻度などを詳しく質問することは，Aを追い詰めることになる。以上のことから，①②は適切と判断できない。

　「お父さんがお母さんを叩いている」姿をAが頻繁に見ていることは，心理的虐待に当たる。「僕も叩かれることがある」というのは，身体的虐待になるかもしれない。Aが連絡なく欠席するのは，ネグレクトになるかもしれない。これらを総合すると，虐待ケースとしてとらえるのが妥当と思われる。その場合，近隣住民から情報収集をすれば，そのことが両親，とりわけ父親の耳に入らないとは限らないので，虐待が隠ぺいされる恐れが生じ，③は適切でない。したがって，聞いたまま見たままの事実を記録しておくことが大事なので，④は適切である。さらに，校内で協議の上，市町村の虐待対応担当課又は児童相談所に通告する必要があるので，⑤は適切である。

選択肢の検討

① × 信頼関係の構築には時間がかかり虐待が進行する恐れがある。

② × Aを追い詰めることになる。

③ × 近隣住民から情報収集のことが両親に伝わる恐れがある。

④ ○

⑤ ○

解　答　④，⑤

【辰已法律研究所の出口調査に基づく正答率と肢別解答率　1736人 Data】

正答率 86.1%	解答欄	肢1	肢2	肢3	肢4	肢5
	No.83	1.3%	9.4%	1.4%	85.9%	1.6%
	No.84	0.1%	0.1%	0.1%	5.1%	93.3%

着 眼 点

　選択肢を選んだ割合は，④⑤に集中しており，易しい標準的な問題である。

　単純に夫婦喧嘩ととらえるより虐待ケースとしてとらえるべき事例である。両親との信頼関係の構築は大事なことであるが，簡単なことではない。それを優先するより子どもの身の安全を優先しなければならないケースが多いのが事実である。たとえば，子どもの身の安全を守る方法として職権による一時保護があるが，これは親が一時保護に同意しないからであり，親と児童相談所は全面対決姿勢をとることになるのである。「勝手に連れて行ったのだから，子どもが成人するまで面倒を見ろ」と捨て台詞を吐く親もいるほどである。このような親との信頼関係の構築に，どれだけの時間と心身の労力が必要かということを理解しておく必要がある。

2021-139

問 139　27歳の男性Ａ，中学校教師。Ａは，スクールカウンセラーＢに，担任をしているクラスの生徒Ｃのことで相談を持ちかけた。Ａによると，Ｃは，授業中にＡに対してあからさまに反抗的な態度をとるという。それにより，授業を中断しなければならない場面が何度もあった。他の生徒の不満も高まってきており，学級経営に支障を来たし始めている。Ａによると，Ｃの行動の原因については全く見当がつかず，疲弊感ばかりが増している状態であるとのこと。

　　ＢのＡへのコンサルテーションにおける対応として，最も適切なものを１つ選べ。

① 具体的な行動は提案しない。
② 具体的かつ詳細な質問を行う。
③ 心理学用語を用いて説明する。
④ なるべく早く解決策を提案する。
⑤ Ａの気持ちを長期間繰り返し傾聴する。

2021−139　　教育関係者へのコンサルテーション

> **問139**　27歳の男性A，中学校教師。Aは，スクールカウンセラーBに，担任をしているクラスの生徒Cのことで相談を持ちかけた。Aによると，Cは，授業中にAに対してあからさまに反抗的な態度をとるという。それにより，授業を中断しなければならない場面が何度もあった。他の生徒の不満も高まってきており，学級経営に支障を来たし始めている。Aによると，Cの行動の原因については全く見当がつかず，疲弊感ばかりが増している状態であるとのこと。
> 　　BのAへのコンサルテーションにおける対応として，最も適切なものを1つ選べ。
> ① 具体的な行動は提案しない。
> ② 具体的かつ詳細な質問を行う。
> ③ 心理学用語を用いて説明する・
> ④ なるべく早く解決策を提案する。
> ⑤ Aの気持ちを長期間繰り返し傾聴する。

　まず，選択肢を眺めると，②質問，③説明，④提案，⑤傾聴であり，①のみ「提案しない」である。

　スクールカウンセラーBが，中学校の教師Aに対して行うコンサルテーションなので，何らかの提案はすべきである。したがって，①は適切でない。

　⑤の傾聴は，コンサルテーションではなくカウンセリングに当てはまるので，⑤は適切でない。

　スクールカウンセラーが教師に説明する際，わざわざ難しい専門用語を使う必要はないので，③は適切でない。

　残るは②と④である。「④なるべく早く解決策を提案する」は教員Aの望むところではあるが，アセスメントができていないので生徒Cの状況が良く分かっておらず，現時点で解決策を提案することは難しいと思われる。クラスの中で反抗的な態度で授業を中断したり，他の生徒にも迷惑をかけていることから，生徒Cの抱えている心理的な問題や友人関係，家庭環境のことなど，教員Aに「②具体的かつ詳細な質問を行う」必要があると考えられる。したがって，④は適切でなく，②が適切である。

選択肢の検討

①　×　アセスメントを含め何らかの提案はすべきである。

②　○

③　×　わざわざ難しい専門的な心理学用語を使う必要性はない。

④　×　アセスメントができていないことから，早く解決策を提案することは難しい。

⑤　×　傾聴はカウンセリングの技法である。

解　答　②

【辰已法律研究所の出口調査に基づく正答率と肢別解答率　1736人Data】

正答率 86.8%	肢1	肢2	肢3	肢4	肢5
	2.7%	86.8%	0.1%	5.2%	5.0%

着眼点

　選択肢を選んだ割合は，②86.8%で正答に集中していることが分かる。比較的易しく，標準的な問題である。ここでも，診断→指導（治療）という原則で考える必要があるということである。

　コンサルテーションとは，2人の専門家（一方をコンサルタントとよび，他方をコンサルティとよぶ）のあいだの相互作用の1つの過程である。学校現場においては，コンサルタントがスクールカウンセラーであり，コンサルティが教員になる。そして，クライエントは児童・生徒である。カウンセリングとは違って，クライエントの理解と問題となる行動や出来事の対処が主なねらいとなる。なお，スクールカウンセラーの業務全般については，再確認しておくことが望ましい。

出典：福島哲夫他　コンサルテーション　公認心理師必携テキスト　学研　2018

2021-144

問144　12歳の女児A，小学校6年生。Aに既往症はなく，対人関係，学業成績，生活態度などに問題は見られなかった。しかし，ある日授業中に救急車のサイレンが聞こえてきたときに，突然頭を抱え震えだした。その後，Aはかかりつけの病院を受診したが，身体的異常は見られなかった。Aはそれ以降，登校しぶりが目立っている。保護者によると，1年前に家族旅行先で交通死亡事故を目撃したとのことであった。AやAの家族は事故に巻き込まれてはいない。スクールカウンセラーであるBは，教師の校内研修会でAへの対応に役立つような話をすることになった。

　　Bが提示する内容として，最も適切なものを1つ選べ。

① 　発達障害への対応
② 　曖昧な喪失へのケア
③ 　心理的リアクタンスの理解
④ 　トラウマ・インフォームド・ケア
⑤ 　反応性アタッチメント障害の理解

Ⅰ　2021年9月試験・全事例問題（38事例）解説

2021-144　心的外傷後ストレス障害〈PTSD〉

> 問144　12歳の女児A，小学校6年生。Aに既往症はなく，対人関係，学業成績，生活態度などに問題は見られなかった。しかし，ある日授業中に救急車のサイレンが聞こえてきたときに，突然頭を抱え震えだした。その後，Aはかかりつけの病院を受診したが，身体的異常は見られなかった。Aはそれ以降，登校しぶりが目立っている。保護者によると，1年前に家族旅行先で交通死亡事故を目撃したとのことであった。AやAの家族は事故に巻き込まれてはいない。スクールカウンセラーであるBは，教師の校内研修会でAへの対応に役立つような話をすることになった。
> 　　Bが提示する内容として，最も適切なものを1つ選べ。
> ①　発達障害への対応
> ②　曖昧な喪失へのケア
> ③　心理的リアクタンスの理解
> ④　トラウマ・インフォームド・ケア
> ⑤　反応性アタッチメント障害の理解

　まず，選択肢を眺めると，診断名（①⑤），ケア（②④），その他（③）と分けることができる。

　診断名については，①の発達障害であるということが分かる内容は示されていない。したがって，①は適切でない。⑤の反応性アタッチメント障害には抑制型と脱抑制型があり，前者は相手に対して無関心であったり，用心深く信頼できないなど，人との交流や気持ちの反応の少ないタイプで，後者は逆に，初めての人でも馴れ馴れしく過度の甘えを示すタイプである。本事例はいずれも当てはまらないので，⑤は適切でない。

　ケアについては，②の曖昧な喪失へのケアは，本事例の場合，交通事故を目撃したが喪失体験をしたわけではない。したがって，②は適切でない。④のインフォームドは，「知識のある，詳しい，よく知っている」という意味なので，トラウマ・インフォームド・ケアとは，支援する多くの人たちがトラウマに関する知識や対応を身につけ，「トラウマがあるかもしれない」という観点をもって対応する支援の枠組みのことである。したがって，④が適切である。

　③の心理的リアクタンスとは，意見や行動を他人から強制されると反発し，かえって自分の意見に固執することである。この事例では女児に何かを強制しているという記述はない。

したがって，③は適切でない。

選択肢の検討

① × 発達障害と疑われる内容は示されていない。
② × 交通事故を目撃したが喪失体験をしたわけではない。
③ × 何かを強制しているという記述はない。
④ ○
⑤ × 反応性アタッチメント障害と疑われる内容は示されていない。

解 答 ④

【辰已法律研究所の出口調査に基づく正答率と肢別解答率　1736人 Data】

正答率 91.4%	肢1	肢2	肢3	肢4	肢5
	0.1%	1.6%	6.5%	91.4%	0.3%

着 眼 点

　選択肢を選んだ割合は，④91.4%で正答に集中していることが分かる。易しい標準的な問題である。

　過去に遭遇した交通事故を想起する救急車のサイレンの音に対する女児Aのトラウマ反応について，校内研修等で話をすることはスクールカウンセラーの役割の1つである。その際，「トラウマがあるかもしれない」という視点を持って支援することを教職員に話をすることが，本事例のポイントである。

　③の心理的リアクタンスは，「抵抗・反発」を意味するリアクタンスという語を心理学に適用したものであり，「人が自由を制限された際に，それに抵抗しようとする傾向」を指す。1966年にアメリカの心理学者ジャック・ブレームによって提唱された。

　これに似たようなことで，カリギュラ効果というのがある。これは，禁止されるほどやってみたくなる心理現象のことである。すなわち，人は何かを禁止されると，むしろそのことが気になって逆の行動に走ってしまうということで

ある。具体例として様々な物語に見られるが、「決して覗かないでください」と念を押された『鶴の恩返し』、「何があっても開けないでください」と言われた『浦島太郎』など、結果的に約束を破ってしまうのである。

出典：デジタル大辞泉　カリギュラ効果　小学館

問 146　30 歳の女性 A，小学 4 年生の担任教師。A は，2 学期開始から 10 日後，同じ小学校のスクールカウンセラーである公認心理師 B に次のように相談した。A が担任をしている学級では，1 学期の終わり頃から児童 C が悪口を言われており，休むこともあったという。2 学期になっても，C への悪口が続いており，登校しづらくなっている。

　　いじめ対応の基本を踏まえて，B が最初に確認することとして，最も適切なものを 1 つ選べ。

① 　学級経営の方針
② 　C の合計欠席日数
③ 　小学校周辺の地域の状況
④ 　A の児童全般への関わり方
⑤ 　学級における児童全体の様子

2021-146　いじめ

> 問146　30歳の女性A，小学4年生の担任教師。Aは，2学期開始から10日後，同じ小学校のスクールカウンセラーである公認心理師Bに次のように相談した。Aが担任をしている学級では，1学期の終わり頃から児童Cが悪口を言われており，休むこともあったという。2学期になっても，Cへの悪口が続いており，登校しづらくなっている。
> いじめ対応の基本を踏まえて，Bが最初に確認することとして，最も適切なものを1つ選べ。
> ①　学級経営の方針
> ②　Cの合計欠席日数
> ③　小学校周辺の地域の状況
> ④　Aの児童全般への関わり方
> ⑤　学級における児童全体の様子

　まず，選択肢を眺めると，①④は担任教師Aに関すること，②はいじめの被害者Cに関すること，③は地域の状況，⑤は学級の様子である。

　「④Aの児童全般への関わり方」と「⑤学級における児童全体の様子」を詳しく知ることは，コンサルテーションをする上で大事なことである。したがって，④⑤が正解の候補であることが考えられる。

　しかし，「いじめ対応の基本を踏まえて」ということは，どういうことであろうか。おそらく，いじめ防止対策推進法（平成25年）に準拠するということであろう。そこで，「重大事態への対処」に明記されているように，事実関係を明確にするための調査を行う必要がある。重大事態というのは，「一　いじめにより児童等の生命，心身又は財産に重大な被害が生じた疑いがあると認めるとき」「二　いじめにより児童等が相当の期間学校を欠席することを余儀なくされている疑いがあると認めるとき」である。Cの場合，一は該当しないが，二は該当するように思われる。法第28条には，相当の期間は年間30日を目安であり，重大事態となれば，学校から教育委員会等に発生報告の義務がある。

　したがって，④⑤よりも先に確認することはCの欠席日数であり，②が最も適切である。

選択肢の検討

① ×　いじめ対応とは直接的につながらない。
② ○
③ ×　いじめ対応と関係がない。
④ ×　今後コンサルテーションが必要である。
⑤ ×　最初に確認することではない。

解　答　②

【辰已法律研究所の出口調査に基づく正答率と肢別解答率　1736人 Data】

正答率 20.8%	肢1	肢2	肢3	肢4	肢5
	1.6%	20.8%	0.1%	6.9%	70.5%

着眼点

　本事例問題の選択肢を選んだ割合は，②20.8%，⑤70.5%と二分されるが，②が正解であり，不正解の⑤が圧倒的に多いことがわかる。

　簡単なようで意外と難解な問題である。それは，コンサルテーションに必要な④や⑤があるからである。しかし，最初に必要なことは事実関係を明確にするための調査であり，そのためには被害児童の実態を知ることである。Cに関することは②のみということに気がつかないと，正解が得られないということである。

出典：文部科学省　学校におけるいじめ問題への対応のポイント

2021-147

問 147 40歳の男性A, 小学4年生の担任教師。Aは, スクールカウンセラーである公認心理師Bに学級の状況について相談した。Aの学級では, 児童同士が罵り合ったり, 授業中の児童の間違いを笑ったりすることがたびたび起きている。学級の児童の多くが, 自分の感情を直接, 他の児童にぶつけてしまうため, トラブルに発展している。Aは, 児童の保護者数名からこの件について対応するよう要望されており, A自身も悩んでいるという。
　　BのAへの提案として, 最も適切なものを1つ選べ。

① WISC-Ⅳ
② 道徳教育
③ スタートカリキュラム
④ メゾシステムレベルの介入
⑤ ソーシャル・スキルズ・トレーニング〈SST〉

2021−147　ソーシャル・スキルズ・トレーニング〈SST〉

問 147　40歳の男性A，小学4年生の担任教師。Aは，スクールカウンセラーである公認心理師Bに学級の状況について相談した。Aの学級では，児童同士が罵り合ったり，授業中の児童の間違いを笑ったりすることがたびたび起きている。学級の児童の多くが，自分の感情を直接，他の児童にぶつけてしまうため，トラブルに発展している。Aは，児童の保護者数名からこの件について対応するよう要望されており，A自身も悩んでいるという。
　　BのAへの提案として，最も適切なものを1つ選べ。
① WISC-Ⅳ
② 道徳教育
③ スタートカリキュラム
④ メゾシステムレベルの介入
⑤ ソーシャル・スキルズ・トレーニング〈SST〉

　まず，選択肢を眺めると，バラバラで関連性が見られない。

　知的な遅れがあるとは思えないので，①は適切でない。道徳教育は必要であるが，時間がかかるので効率的とは言えず，②は適切でない。スタートカリキュラムは，小学校に入学した児童が学校生活へ適応していけるように，幼児期に親しんだ活動を取り入れたりして学びやすい環境にする入学当初のカリキュラムのことなので，③は適切でない。メゾシステムレベルというのは，ソーシャルワークが介入する4つのレベルの1つで，集団や地域を対象あるいは媒介として援助を行う方法である。したがって，ソーシャルワーカーが行うことなので，④は適切でない。

　ソーシャル・スキルズ・トレーニングは，社会で人と人とが関わりながら生きていくために欠かせないスキルを身につける訓練のことである。子どもの場合は，いろいろなゲームを通して，ソーシャルスキルを学ぶことができる。たとえば，かくれんぼ。これは隠れる能力が身に着くという単純なものではなく，相手（鬼）の立場になって自分を見る（客観的に自分を見る），見つけられても怒らない，泣かない，拗ねない（感情をコントロールする）など多くのソーシャルスキルが求められる。以上のことから，⑤が適切である。

選択肢の検討

①　×　知的な遅れによることではない。

②　×　必要であるが時間がかかるので効率的ではない。

③　×　入学当初のカリキュラムのことである。

④　×　ソーシャルワーカーが行うことである。

⑤　○

解　答　　⑤

【辰已法律研究所の出口調査に基づく正答率と肢別解答率　1736人Data】

正答率 64.2%	肢1	肢2	肢3	肢4	肢5
	0.4%	15.4%	2.4%	17.5%	64.2%

着 眼 点

　本事例問題の選択肢を選んだ割合は，②15.4%，④17.5%，⑤64.2%であり，不正解の②④を合計すると30％以上である。

　ソーシャルスキルは，生活技能や社会技能と訳されることもあり，対人関係や社会生活を営むために必要な技能のことである。したがって，ソーシャルスキルトレーニングとは，対人関係や集団生活を営みやすくするための技能を養うことであり，認知行動療法の1つに位置づけられる。以下のような方法で行われることが多い。

　1．教示（インストラクション）

　　　そのスキルが必要な理由と，スキルが身につくとどのような効果があるかを言葉や絵カードを用いて伝える。約束やルールとして提示する場合もある。

　2．モデリング

　　　手本となる適切な振る舞いを見せたり，不適切な振る舞いの例を見せて，どうすれば良いか考えさせる。動画教材やプリントなどを用いる場合もある。

3．リハーサル

　　指導者やクラスメイトを相手にして実際に練習する。ロールプレイングやゲーム場面の中で練習したり，ワークシートを用いることもある。

4．フィードバック

　　行動をほめたり，「〜するともっといいね」と修正を促すことがフィードバックである。

5．般化

　　学習したスキルを，実際にどのような場面・人・場所にも発揮できるようにする。指導場面ではスキルを発揮できるのに，実際の生活場面ではうまく行かないことがあるが，その場合はスキルを発揮しやすいよう環境を整える必要がある。

出典：atGP　ソーシャルスキルトレーニングを受ける方法
　　　https://www.atgp.jp/knowhow/jobknowhow/c2654/

2021−151

問 151　20歳の男性Ａ，大学２年生。Ａは，最近授業を欠席することが多くなり，学生課から促され，学生相談室の公認心理師Ｂのもとを訪れた。Ａは大学２年生になってから，携帯端末を使用して，夜遅くまで動画を視聴したり，友人とやりとりをしたりすることが多くなった。それにより，しばしば午前の授業を欠席するようになっている。どうしても出席しなければならない授業があるときは，早く起きるために寝酒を使うこともある。Ａの表情は明るく，大学生活や友人のことを楽しそうに話す。

　　Ｂの Ａへの助言として，不適切なものを１つ選べ。

① 昼休みなどに軽い運動をしてみましょう。
② 寝酒は睡眠の質を下げるのでやめましょう。
③ 毎朝，決まった時間に起きるようにしましょう。
④ 寝る前は携帯端末の光などの刺激を避けましょう。
⑤ 休みの日は十分な昼寝をして睡眠不足を補いましょう。

2021-151　　生理的障害及び身体的要因に関連した行動症候群〈F5〉

問151　20歳の男性A，大学2年生。Aは，最近授業を欠席することが多くなり，学生課から促され，学生相談室の公認心理師Bのもとを訪れた。Aは大学2年生になってから，携帯端末を使用して，夜遅くまで動画を視聴したり，友人とやりとりをしたりすることが多くなった。それにより，しばしば午前の授業を欠席するようになっている。どうしても出席しなければならない授業があるときは，早く起きるために寝酒を使うこともある。Aの表情は明るく，大学生活や友人のことを楽しそうに話す。
　　BのAへの助言として，不適切なものを1つ選べ。
① 昼休みなどに軽い運動をしてみましょう。
② 寝酒は睡眠の質を下げるのでやめましょう。
③ 毎朝，決まった時間に起きるようにしましょう。
④ 寝る前は携帯端末の光などの刺激を避けましょう。
⑤ 休みの日は十分な昼寝をして睡眠不足を補いましょう。

　まず，選択肢を眺めると，すべて睡眠不足を解消するための方法が挙げられている。

　寝不足を解消するためには，生活リズムを整えることが不可欠である。特に規則正しい食事は，生体リズムを整える大切な要素なので，3食を同じリズムで摂るように心がける必要がある。したがって，毎朝，決まった時間に起きて食事を摂ることが大事なので，③は適切である。

　ほど良い肉体的疲労は心地よい眠りを生み出してくれる。運動は午前より午後に軽く汗ばむ程度の運動をするのが良いとされる。したがって，①は適切である。寝酒の効果ははじめのうちだけで，睡眠の質を下げてどんどん眠りが浅くなり，目が覚める回数を増やしてしまう。したがって，②は適切である。スマホなどのブルーライトは覚醒効果があるので，寝る前に見ると寝つきが悪くなる。したがって，④は適切である。

　平日眠れなかった分，休日にいつもより長く睡眠時間をとるなどした場合は，より一層生活リズムを崩す可能性があり，かえって著しい眠気を引き起こしたりすることがある。したがって，休日と平日との差を1〜2時間までにし，休日も普段と同じ時刻に就寝・起床するようにしたほうが良いので，⑤は不適切である。

選択肢の検討

① ×　適切である。
② ×　適切である。
③ ×　適切である。
④ ×　適切である。
⑤ ○　不適切である。より一層生活リズムを崩す可能性がある。

解　答　⑤

【辰巳法律研究所の出口調査に基づく正答率と肢別解答率　1736人 Data】

正答率 97.0%	肢1	肢2	肢3	肢4	肢5
	1.0%	1.1%	0.5%	0.3%	97.0%

着　眼　点

　選択肢を選んだ割合は，⑤97.0%と集中しており，易しい標準的な問題である。
　不眠症には4つのタイプがあり，寝つきの悪い「入眠障害」，眠りが浅く途中で何度も目が覚める「中途覚醒」，早朝に目が覚めてしまう「早朝覚醒」，ある程度眠ってもぐっすり眠れたという満足感（休養感）が得られない「熟眠障害」がある。

出典：厚生労働省　e－ヘルスネット　不眠症
　　　https://www.e-healthnet.mhlw.go.jp/information/heart/k-02-001.html

問 152　10 歳の女児Ａ，小学４年生。Ａは，自己主張の強い姉と弟に挟まれて育ち，家では話すが学校では話さない。医療機関では言語機能に異常はないと診断を受けている。Ａは，幼なじみのクラスメイトに対しては仕草や筆談で意思を伝えることができる。しかし，学級には，「嫌なら嫌と言えばいいのに」などと責めたり，話さないことをからかったりする児童もいる。Ａへの対応について，担任教師ＢがスクールカウンセラーＣにコンサルテーションを依頼した。

　　ＣのＢへの助言として，不適切なものを１つ選べ。
① 　Ａの発言を促す指導は，焦らなくてもよいと伝える。
② 　できるだけＡを叱責したり非難したりしないように伝える。
③ 　Ａが話せるのはどのような状況かを理解するように伝える。
④ 　Ａの保護者と連絡を密にし，協力して対応していくように伝える。
⑤ 　交流機会を増やすため，Ａを幼なじみとは別の班にするように伝える。

2021-152　教育関係者へのコンサルテーション

問152　10歳の女児A，小学4年生。Aは，自己主張の強い姉と弟に挟まれて育ち，家では話すが学校では話さない。医療機関では言語機能に異常はないと診断を受けている。Aは，幼なじみのクラスメイトに対しては仕草や筆談で意思を伝えることができる。しかし，学級には，「嫌なら嫌と言えばいいのに」などと責めたり，話さないことをからかったりする児童もいる。Aへの対応について，担任教師BがスクールカウンセラーCにコンサルテーションを依頼した。
　　CのBへの助言として，不適切なものを1つ選べ。
①　Aの発言を促す指導は，焦らなくてもよいと伝える。
②　できるだけAを叱責したり非難したりしないように伝える。
③　Aが話せるのはどのような状況かを理解するように伝える。
④　Aの保護者と連絡を密にし，協力して対応していくように伝える。
⑤　交流機会を増やすため，Aを幼なじみとは別の班にするように伝える。

　まず，選択肢を眺めると，すべてが緘黙児への関わり方である。

　緘黙は，DSM-5では不安障害の一種とされている。治療の目的は，話せるようにするだけに注目するのではなく，話そうとしても話せないという緊張や不安，恐怖心を取り除くようにすることである。治療には数年を要することが多いので，発言を促す指導は焦らなくてもよいので，①は適切である。話すことを強要したり，話さないことを理由に叱ったりすることは，症状を悪化させることにつながるので，②は適切である。場面緘黙症では，家庭では良く話すことが多いので，どのような状況で話せるのかを理解することは治療上必要なことであり，③は適切である。原因として，子ども自身の要因と家庭環境の要因があるので，保護者と連絡を密にし，協力して対応していく必要があるので，④は適切である。

　家族だけでなく，幼なじみのような親しい友人とは話せることがあり，安心できる環境に置いてあげることが第一である。交流のために，あまり良く知らない人と一緒にいる状況では沈黙してしまうので，⑤は不適切である。

選択肢の検討

① × 適切である。

② × 適切である。

③ × 適切である。

④ × 適切である。

⑤ ○ 不適切である。あまり良く知らない人と一緒にいる状況では沈黙して
しまう。

解　答　⑤

【辰已法律研究所の出口調査に基づく正答率と肢別解答率　1736人 Data】

正答率 98.6%	肢1	肢2	肢3	肢4	肢5
	0.7%	0.2%	0.2%	0.3%	98.6%

着 眼 点

選択肢を選んだ割合は，⑤98.6%と集中しており，易しい標準的な問題である。
DSM-5における選択性緘黙の診断基準は，以下のとおりである。

A　他の状況では話しているにもかかわらず，話すことが期待されている
特定の社会的状況（例：学校）において，話すことが一貫してできない。

B　その障害が，学業上，職業上の成績，または対人的コミュニケーショ
ンを妨げている。

C　その障害の持続期間は，少なくとも1カ月（学校の最初の1カ月だけ
に限定されない）である。

D　話すことができないことは，その社会状況で要求されている話し言葉
の認識，または話すことに関する楽しさが不足していることによるもの
ではない。

E　この障害は，コミュニケーション症（例：小児期発症流暢症）ではうま
く説明されず，また自閉症スペクトラム症，統合失調症，または他の精
神病性障害の経過中にのみ起こるものではない。

2021-70

問70　製造業A社は，これまで正社員の大半が男性であった。ここ数年の労働力不足を背景に様々な人材を登用する機会を模索している。女性の管理職の増加を目指したキャリアコンサルティングの実施，外国人社員に伴って来日した配偶者の採用に加え，社内に障害者支援委員会を設置して精神障害者の就労支援を行うなど，個々の違いを認め，尊重し，それらを組織の競争優位性に活かそうとする取組を行った。その取組をきっかけとして，女性社員，高齢者や国籍の異なる社員なども少しずつ増えて，今では属性の異なった人と協働する機会が増えている。

　　このA社の取組を全体的に表すものとして，最も適切なものを1つ選べ。

① コンプライアンス
② キャリアマネジメント
③ ポジティブアクション
④ アファーマティブアクション
⑤ ダイバーシティマネジメント

2021-70 ダイバーシティ

問70 製造業A社は，これまで正社員の大半が男性であった。ここ数年の労働力不足を背景に様々な人材を登用する機会を模索している。女性の管理職の増加を目指したキャリアコンサルティングの実施，外国人社員に伴って来日した配偶者の採用に加え，社内に障害者支援委員会を設置して精神障害者の就労支援を行うなど，個々の違いを認め，尊重し，それらを組織の競争優位性に活かそうとする取組を行った。その取組をきっかけとして，女性社員，高齢者や国籍の異なる社員なども少しずつ増えて，今では属性の異なった人と協働する機会が増えている。
　　このA社の取組を全体的に表すものとして，最も適切なものを1つ選べ。
① コンプライアンス
② キャリアマネジメント
③ ポジティブアクション
④ アファーマティブアクション
⑤ ダイバーシティマネジメント

　まず，選択肢を眺めると，マネジメント（②⑤）とアクション（③④）という2つの英単語が印象的である。普通マネジメントは経営，アクションは活動と訳すことができる。

　A社は男性と女性だけでなく，外国人とその配偶者，精神障害者や高齢者など，属性の異なった人を積極的に採用し，協働する取組みを行っている。一言でいうなら，多様性の会社である。

　①は法令順守と訳されて，よく知られている。これは，企業などが法令や規則をよく守ることである。したがって，①は適切でない。

　②のマネジメントは，簡単に表現すると現状より良くするという意味で，組織内の個々人のキャリアを組織の目的や長期的目標に沿って，どのように活かし，どのように育成していくかということである。しかし，A社はキャリアマネジメントを第一に考えて取組んでいるようには思えないので，②は適切でない。これに対して，⑤のダイバーシティは多様性ということなので，ダイバーシティマネジメントは人材の多様性を活かして組織力を強化するアプローチのことである。これはA社が取組んでいることなので，⑤が適切である。

選択肢の検討

① × 法令順守のことである。
② × これを第一に考えて取組んでいるわけではない。
③ × 積極的格差是正措置のことである。
④ × ③と同じである。
⑤ ○

解　答　　⑤

【辰巳法律研究所の出口調査に基づく正答率と肢別解答率　1736人 Data】

正答率 90.3%	肢1	肢2	肢3	肢4	肢5
	0.5%	1.9%	2.9%	4.3%	90.3%

着 眼 点

　選択肢を選んだ割合は，⑤90.3％と集中しており，易しい標準的な問題である。
　③のポジティブアクションは，男女雇用機会均等法第8条に基づき，「事業主が，雇用分野における男女の均等な機会及び待遇の確保の支障となっている事情を改善することを目的として女性労働者に関して行う措置を講ずること」と定義される。具体的な取組みには，女性の採用拡大，女性の職域拡大，女性管理職の登用拡大などが挙げられる（三重県男女共同参画センター「フレンテみえ」より引用）。

　ポジティブは積極的，アファーマティブは肯定的と訳すが，アファーマティブアクションはポジティブアクションとも言い，「積極的格差是正措置」や「肯定的措置」と訳される言葉で，社会的弱者に対する差別を救済する取組みのことである。

出典：三重県男女共同参画センター　フレンテみえ
　　　https://www.center-mie.or.jp/frente/

2021−71

問71　39歳の男性A、会社員。Aは、中途採用で入社して10年目になるが、これまで会社内での人付き合いは良好で、安定した仕事ぶりから上司の信頼も厚い。最近になり、Aは、キャリアに自信が持てないと企業内相談室に来室した。「今この会社を辞めたら損失が大きいので、この先も勤めようと思う」と述べる一方で、「この会社を離れるとどうなるか不安である」、「今この会社を辞めたら生活上の多くのことが混乱するだろう」と述べた。

　　Aの発言内容から考えられるAの組織コミットメントとして、最も適切なものを1つ選べ。

①　規範的コミットメント
②　行動的コミットメント
③　情緒的コミットメント
④　存続的コミットメント
⑤　態度的コミットメント

2021-71　動機づけ理論

> **問71**　39歳の男性A，会社員。Aは，中途採用で入社して10年目になるが，これまで会社内での人付き合いは良好で，安定した仕事ぶりから上司の信頼も厚い。最近になり，Aは，キャリアに自信が持てないと企業内相談室に来室した。「今この会社を辞めたら損失が大きいので，この先も勤めようと思う」と述べる一方で，「この会社を離れるとどうなるか不安である」，「今この会社を辞めたら生活上の多くのことが混乱するだろう」と述べた。
>
> 　Aの発言内容から考えられるAの組織コミットメントとして，最も適切なものを1つ選べ。
> ①　規範的コミットメント
> ②　行動的コミットメント
> ③　情緒的コミットメント
> ④　存続的コミットメント
> ⑤　態度的コミットメント

　まず，選択肢を眺めると，すべてがコミットメントの説明であることがわかる。

　組織コミットメントというのは，コミットメントの意味から組織への関与ということである。事例で示されているAの組織への関与から，どのようなコミットになっているかを判断する問題である（「コミットメント」は「約束」「責任」という意味で，「コミットする」は「約束する」「責任を持つ」「真剣に関わる」ということである）。

　Aの言う「キャリアに自信が持てない」とは，どういうことであろうか。キャリアは，仕事に取り組むプロセスの中で，身につけていく技術・知識・経験だけでなく，自分自身の生き方を磨いていくことなのである。したがって，「キャリアに自信が持てない」ということは，仕事の経験を積むことだけでなく，生き方そのものを指しているのかもしれないのである。Aは会社を辞めるべきか続けるべきかで悩んでいるが，「この先も勤めようと思う」と述べているように，継続する気持ちが強いように思われる。以上のことから，Aに考えられる組織コミットメントは，④存続的コミットメントが適切である。

選択肢の検討

① ×　組織コミットメントの3要素の1つであるが一致しない。
② ×　組織コミットメントの3要素にはない。
③ ×　組織コミットメントの3要素の1つであるが一致しない。
④ ○
⑤ ×　組織コミットメントの3要素にはない。

解　答　④

【辰巳法律研究所の出口調査に基づく正答率と肢別解答率　1736人Data】

正答率 53.3%	肢1	肢2	肢3	肢4	肢5
	6.3%	3.5%	34.9%	53.3%	1.7%

着 眼 点

　本事例問題の選択肢を選んだ割合は，③34.9%，④53.3%と二分されるが，解答に自信の持てない人の割合が多いと思われる。

　公認心理師とは関係なく，組織コミットメントに関する事例である。調べてみると，組織コミットメントは3つの要素から成っているという理論が，Allen & Meyer（1990）によって提唱されている。それをベースに組織コミットメントを測定する尺度が開発されているが，Meyer et al.（1993）の尺度では情緒的要素，存続的要素，規範的要素について項目が設定されている。このうち，存続的要素の項目には「この会社を離れるとどうなるか不安である」がある。これは，事例問題のAの発言と一致するので，Aの組織コミットメントは存続的コミットメントであることがわかる。

出典：労働政策研究・研修機構　労働政策研究報告書№147

2021−137

問137　30歳の男性Ａ，会社員。喫煙をやめたいが，なかなかやめられない
　　ため，会社の健康管理室を訪れ，公認心理師Ｂに相談した。Ｂは，Ａが自らの
　　行動を観察した結果を踏まえ，Ａの喫煙行動を標的行動とし，標的行動の先
　　行事象と結果事象について検討した。
　　　先行事象が，「喫煙所の横を通ったら，同僚がタバコを吸っている」である
　　とき，結果事象として，最も適切なものを１つ選べ。
①　喫煙所に入る。
②　タバコを吸う。
③　同僚と話をする。
④　自動販売機で飲み物を買う
⑤　コンビニエンス・ストアでタバコを買う。

2021-137　応用行動分析

> **問137**　30歳の男性Ａ，会社員。喫煙をやめたいが，なかなかやめられないため，会社の健康管理室を訪れ，公認心理師Ｂに相談した。Ｂは，Ａが自らの行動を観察した結果を踏まえ，Ａの喫煙行動を標的行動とし，標的行動の先行事象と結果事象について検討した。
> 　先行事象が，「喫煙所の横を通ったら，同僚がタバコを吸っている」であるとき，結果事象として，最も適切なものを1つ選べ。
> ① 喫煙所に入る。
> ② タバコを吸う。
> ③ 同僚と話をする。
> ④ 自動販売機で飲み物を買う
> ⑤ コンビニエンス・ストアでタバコを買う。

　Ａは「喫煙をやめたいが，なかなかやめられない」と訴えているので，標的行動の喫煙行動を何が強化しているのかを分析することが，本事例の課題と考えられる。すなわち，先行事象（喫煙所の横を通ったら，同僚がタバコを吸っている）－喫煙行動－結果事象（　？　）となり，喫煙行動を強化している行動を見つけるということである。

　①は，「喫煙行動をして喫煙所に入る」では順序が逆である。「喫煙所に入って喫煙行動をする」でないとおかしい。②の「タバコを吸う」は結果事象ではなく，標的行動である。したがって，①②は適切でない。

　喫煙がやめられないのはタバコそのものだけではなく，（一緒にタバコを吸いながら）「同僚と話をする」という結果によって喫煙行動が強化されているためだということが考えられる。したがって，③が適切である。

　④の「自動販売機で飲み物を買う」は，喫煙行動と直接の関係はないので，強化子とはならない。⑤の「コンビニエンス・ストアでタバコを買う」は，喫煙行動の結果としてそうしたとしても，正の強化子になるとは限らない。タバコを買ってしまったことを後悔して，むしろ負の強化刺激となるかもしれないのである。したがって，④⑤は適切でない。

選択肢の検討

① × 「喫煙行動をして喫煙所に入る」では順序が逆である。
② × 「タバコを吸う」は，標的行動であるが結果事象ではない。
③ ○
④ × 「自動販売機で飲み物を買う」は，喫煙行動と直接の関係はない。
⑤ × 正の強化刺激というよりは，負の強化刺激となるかもしれない。

解　答　　③

【辰巳法律研究所の出口調査に基づく正答率と肢別解答率　1736人Data】

正答率 9.4%	肢1	肢2	肢3	肢4	肢5
	29.9%	28.0%	9.4%	30.4%	2.2%

着眼点

　本事例問題の選択肢を選んだ割合は，①29.9%，②28.0%，③9.4%，④30.4%であり，正解が③なので最も割合が少なく，誤答の①②④の割合がいずれも30%前後を占めていることがわかる。したがって，難解な問題と言うよりは不適切な問題である。

　オペラント条件づけの理論を，ヒトを含む各種の動物の行動の制御に応用するのが，応用行動分析（ABA：applied behavior analysis）である。先行条件（弁別刺激）－行動（反応）－結果（強化）の三項による随伴性が分析される。すなわち，ある特定の行動が生じたとき，環境がどのように対応したか，あるいは環境にどのような影響を与えたか（結果）が分析され，どのような状況（弁別刺激）で反応が生じたかが分析される。人間の好ましくない行動を制御する行動療法的なアプローチにも活用されている。この三項随伴性の分析は，先行条件（Antecedents），行動（Behavior），結果（Consequences）の頭文字をとってABC分析と呼ぶこともある。

出典：福島哲夫他　応用行動分析　公認心理師必携テキスト　学研　2018

2021-142

問 142　54歳の男性Ａ，会社員。仕事への興味の減退を主訴に心理教育相談室に来室した。Ａは，大学卒業後，技術系の仕事に就き，40歳代で管理職になった。4か月目にゴルフ友達が亡くなったのを機に不眠傾向となり，かかりつけ医から睡眠薬を処方された。しかし，症状は改善せず，体調不良を自覚して検査を受けたが異常は指摘されなかった。清潔な身なりで礼容は保たれているが，張りのない声で，「楽しい感情が湧かない」，「ゴルフが大好きだったのに行く気がしない」，「ふさぎこんでいるので家庭の空気も悪くして申し訳ない」と述べた。飲酒習慣は晩酌程度という。

　　最も優先して確認すべきＡの症状を1つ選べ。

① 易疲労感

② 希死念慮

③ 自信喪失

④ 早朝覚醒

⑤ 体重減少

2021-142　気分（感情）障害〈F3〉

問142　54歳の男性Ａ，会社員。仕事への興味の減退を主訴に心理教育相談室に来室した。Ａは，大学卒業後，技術系の仕事に就き，40歳代で管理職になった。4か月目にゴルフ友達が亡くなったのを機に不眠傾向となり，かかりつけ医から睡眠薬を処方された。しかし，症状は改善せず，体調不良を自覚して検査を受けたが異常は指摘されなかった。清潔な身なりで礼容は保たれているが，張りのない声で，「楽しい感情が湧かない」，「ゴルフが大好きだったのに行く気がしない」，「ふさぎこんでいるので家庭の空気も悪くして申し訳ない」と述べた。飲酒習慣は晩酌程度という。
　　最も優先して確認すべきＡの症状を1つ選べ。
① 易疲労感
② 希死念慮
③ 自信喪失
④ 早朝覚醒
⑤ 体重減少

　まず，選択肢を眺めると，すべてうつ病に関する症状である。

　友人が亡くなったことを機に不眠傾向になっていることから，喪失感による抑うつ症状であると考えられる。睡眠薬による薬物治療についても改善が見られず体調不良も自覚している。検査結果には異常はないが，今まで好きだったことが楽しく思えなかったり，家庭でも気分がふさぎ込んでいることによる自責感もある。

　①の易疲労感とは，仕事や生活における肉体的・精神的負担などで起こる通常よりも疲れやすいと感じることである。③の自信喪失は，自分に価値を見出せず，自分の存在自体を否定するつらい状況のことである。④の早朝覚醒とは，自分の望む時間よりも2時間以上早く起きてしまうことで，うつ病の人や高齢者に見られる。⑤の体重減少は，うつ病以外の疾患でも見受けられる症状である。以上のことから，①③④⑤は最も優先して確認すべきことではない。

　最優先で確認すべきことは，命に関わることである。②の希死念慮の有無によって，自殺の可能性（危険性）を判断することができる。したがって，適切なのは②である。

選択肢の検討

① × 通常よりも疲れやすいと感じることはあるが，優先して確認すべきことではない。

② ○

③ × 希死念慮につながりやすいので，そうならないように注意が必要である。

④ × 日中に眠気や疲労感がなければ問題ないので，優先して確認すべきことではない。

⑤ × 体調不良により体重が減少することもあるが，優先して確認すべきことではない。

解　答　②

【辰已法律研究所の出口調査に基づく正答率と肢別解答率　1736人Data】

正答率 87.7%	肢1	肢2	肢3	肢4	肢5
	5.7%	87.7%	1.6%	1.7%	3.2%

着眼点

　選択肢を選んだ割合は，②87.7%で正答に集中していることが分かる。易しい標準的な問題である。うつ病の症状で表出しやすいものとして，以下のものが挙げられる（大原健士郎　うつ病の時代　講談社　1981）。ただし，○数字は選択肢の番号である。

⑴　些細な出来事に対しても悲観的で，無気力でおっくうである。

⑵　朝方，気分がすぐれず，夕方になるとややよくなるといった日内変動がみられる。

⑶　嬉しいことにも反応をしたがらず，ため息をついたり，涙を浮かべることが多い。

⑷　話しかけてもあまり話したがらない。

⑸ 思考力や理解力，記憶力，判断力が低下し，強い劣等感を抱きやすい。（③）

⑹ 全身の倦怠感や不調感，不眠，食欲不振，便秘，体重の減少，胃腸の障害に陥る。（①④⑤）

⑺ 自殺観念や自殺企図，重い病気にかかったと信じ込むような心気妄想が生じることがある。（②）

2021−148

問 148 35 歳の男性 A，会社員。A は，不眠を主訴として勤務する会社の相談室を訪れ，相談室の公認心理師 B が対応した。A によると，最近，A はある殺人事件の裁判員となった。裁判は 8 日間のうちに 4 回実施される。裁判開始前から A は守秘義務の遵守が負担となっていたが，1 回目，2 回目の裁判の後はほとんど眠れなかったという。B は A の気持ちを受け止め，不眠に対する助言をしたが，A は，「裁判は残り 2 回あるが，どうすればよいか」と，B にさらに助言を求めた。

　　B の A への助言として，適切なものを 1 つ選べ。

① 裁判所に連絡するよう伝える。
② 理由や詳細を述べることなく辞任ができることを伝える。
③ 具合の悪い日は，補充裁判員に代理を務めてもらうよう伝える。
④ 評議を含め裁判内容については，親しい友人か家族に話を聞いてもらうよう伝える。
⑤ 評議を含め裁判内容についてのカウンセリングは，裁判終了後に可能になると伝える。

2021-148　　裁判員裁判

問148　35 歳の男性Ａ，会社員。Ａは，不眠を主訴として勤務する会社の相談室を訪れ，相談室の公認心理師Ｂが対応した。Ａによると，最近，Ａはある殺人事件の裁判員となった。裁判は８日間のうちに４回実施される。裁判開始前からＡは守秘義務の遵守が負担となっていたが，１回目，２回目の裁判の後はほとんど眠れなかったという。ＢはＡの気持ちを受け止め，不眠に対する助言をしたが，Ａは，「裁判は残り２回あるが，どうすればよいか」と，Ｂにさらに助言を求めた。
　　ＢのＡへの助言として，適切なものを１つ選べ。
① 裁判所に連絡するよう伝える。
② 理由や詳細を述べることなく辞任ができることを伝える。
③ 具合の悪い日は，補充裁判員に代理を務めてもらうよう伝える。
④ 評議を含め裁判内容については，親しい友人か家族に話を聞いてもらうよう伝える。
⑤ 評議を含め裁判内容についてのカウンセリングは，裁判終了後に可能になると伝える。

　まず，選択肢を眺めると，①裁判所，②辞任，③代理，④⑤裁判内容という言葉が目に着く。

　事例を読むと，Ａは不眠を訴え，要は「裁判員を辞任したい」ということである。原因は，裁判開始前から守秘義務の遵守が負担となっていたという。これに関してはっきりしているのは，裁判員は原則として辞退できないということである。ただし，法律や政令で辞退事由を定めており，裁判所からそのような事情にあたると認められれば辞退することができる。補充裁判員の代理は，裁判員の辞任が認められてからのことであり，具合の悪い日だけのことではない。したがって，②③は適切でない。なお，①に関して，辞任を認めるのは裁判所であり，Ａの状態が認められるかどうかは分からないので，裁判所に連絡して判断を仰ぐ必要がある。したがって，①が適切である。

　④⑤は守秘義務に関することであり，裁判員には「評議の秘密」と「職務上知り得た秘密」の守秘義務が課せられ，裁判後も一生続く。したがって，評議を含む裁判内容を親しい友人や家族に話すのは守秘義務違反なので，④は適切でない。また，評議を含め裁判内容をカウンセリングで話すのも守秘義務違反なので，⑤も適切でない。

選択肢の検討

① ○
② × 理由や詳細を述べることなく辞任することはできない。
③ × 補充裁判員が代理となるのは裁判員の辞任が認められてからのことである。
④ × 裁判内容を親しい友人や家族に話すのは守秘義務違反である。
⑤ × 裁判内容をカウンセリングで話すのも守秘義務違反である。

解　答　　①

【辰巳法律研究所の出口調査に基づく正答率と肢別解答率　1736人 Data】

正答率 67.3%	肢1	肢2	肢3	肢4	肢5
	67.3%	12.9%	16.8%	0.1%	2.8%

着 眼 点

　本事例問題の選択肢を選んだ割合は，①67.3%，②12.9%，③16.8%であり，不正解の②③を合計するとほぼ30%である。とくに③の補充裁判員は，そのためにいるように感じてしまうことがあると思われる。
　裁判員制度に関する問題である。法務省のホームページや裁判員制度についてのQ＆Aがあるので参照してほしい。

問 153　40歳の男性A，会社員。Aは，まじめで責任感が強く，人望も厚い。最近，大きなプロジェクトを任された。それにより，Aは仕事を持ち帰ることが増え，仕事が気になり眠れない日もあった。納期直前のある日，他部署から大幅な作業の遅れが報告された。その翌日，Aは連絡なく出勤せず，行方不明になったため，捜索願が出された。3日後，職場から数十km離れたAの実家近くの駅から身分照会があり発見された。Aはこの数日の記憶がなく，「気がついたら駅にいた。会社に迷惑をかけたので死にたい」と言っているという。

　　会社の健康管理部門のAへの対応として，<u>誤っているもの</u>を1つ選べ。

① 安全の確保を優先する。
② できるだけ早期に健忘の解消を図る。
③ 専門医に器質的疾患の鑑別を依頼する。
④ 内的な葛藤を伴っていることに留意する。

2021-153　自殺予防

> 問153　40歳の男性Ａ，会社員。Ａは，まじめで責任感が強く，人望も厚い。最近，大きなプロジェクトを任された。それにより，Ａは仕事を持ち帰ることが増え，仕事が気になり眠れない日もあった。納期直前のある日，他部署から大幅な作業の遅れが報告された。その翌日，Ａは連絡なく出勤せず，行方不明になったため，捜索願が出された。3日後，職場から数十 km 離れたＡの実家近くの駅から身分照会があり発見された。Ａはこの数日の記憶がなく，「気がついたら駅にいた。会社に迷惑をかけたので死にたい」と言っているという。
> 　会社の健康管理部門のＡへの対応として，誤っているものを1つ選べ。
> ①　安全の確保を優先する。
> ②　できるだけ早期に健忘の解消を図る。
> ③　専門医に器質的疾患の鑑別を依頼する。
> ④　内的な葛藤を伴っていることに留意する。

　まず，選択肢を眺めると，①安全の確保，②健忘の解消，③器質的疾患の鑑別，④内的な葛藤と略記できる。

　本事例は，明らかに解離性遁走と理解できる。解離性遁走は，過去の記憶の一部またはすべてを失い，通常は家族や仕事を残して普段の居場所から姿を消すことである。遁走は脱走や逃避を意味する。

　解離性遁走の持続時間は，数時間，数日間，さらには数か月以上にわたる場合もある。多くは隠された願望の充足や，強いストレスや困惑からのがれるためと考えられ，遁走が終わると，自分が何をしていたのかを思い出すことができず，恥ずかしく思ったり，狼狽したり，恐怖を感じる人もいる。遁走が終われば，多くの患者は遁走が始まるまでの過去を思い出すが，記憶の回復に時間がかかり，徐々に記憶を取り戻す人もいれば，過去の一部やすべてをまったく思い出せない人もいる。

　解離性遁走の検査方法としては，うつ病やてんかん，アルコール中毒などによる意識の障害や認知症などの症状があるかを調べるため，脳波や血液検査が行われる。治療は，遁走中の出来事を思い出す助けとなるように，催眠などを利用した精神療法を行うが，同時に患者が遁走の引き金となった状況，葛藤，感情にうまく対処できるように手助けすることである（MSDマニュアル家庭版より引用）。

　以上のことから選択肢を考えると，Aが「会社に迷惑をかけたので死にたい」と言っているので，①は適切である。身体の異常や飲酒による意識障害や認知症などの症状があるかを調べるために行うので，③は適切である。遁走の引き金となった葛藤や感情があると思われるので，④は適切である。

　解離性遁走の持続時間は，数時間から数カ月以上にわたるので，「できるだけ早期に健忘の解消を図る」というのには無理がある。それよりも安心感を与え，心理的に和らげるようにすることが大切なので，②は誤っている。

選択肢の検討

①　×　適切である。
②　○　誤りである。早期に健忘の解消を図れない場合もある。
③　×　適切である。
④　×　適切である。

解　答　　②

【辰已法律研究所の出口調査に基づく正答率と肢別解答率　1736人 Data】

正答率 97.2%	肢1	肢2	肢3	肢4
	0.3%	97.2%	2.0%	0.2%

着眼点

　選択肢を選んだ割合は，②97.2%と集中しており，易しい標準的な問題である。
　解離性遁走は，まれな解離性健忘の一種である。解離性健忘は，最近または昔の体験をまったく覚えていなかったり，部分的に思い出せなかったりすることを健忘という。健忘の原因が身体的な異常ではなく，精神的な異常である場合には，解離性健忘と呼ばれる。
　解離性健忘では通常，正常時には意識的に自覚している日常の情報や，自分自身の過去についての記憶が失われる。往々にして失われた記憶は，小児期の虐待のように，トラウマになったり強いストレスを感じたりした出来事に関す

る情報である。ときに，忘れてしまっていても，その事実がその人の行動に影響を及ぼし続けている場合もある。また，深刻な経済的トラブルや大変な内的葛藤（特定の衝動や行為に関する罪悪感，解決不可能に思われる対人関係の問題，犯した犯罪など）に関する懸念から生じたものである場合もある。

出典：MSD マニュアル家庭版
　　　https://www.msdmanuals.com/ja-jp/ホーム

2021-69

問69　16歳の男子A，高校1年生。万引きにより逮捕され，少年鑑別所に収容された後，家庭裁判所の審判により保護観察処分となった。Aは，審判終了後すぐに母親Bと共に保護観察所に来た。Aの居住する地域を担当している保護観察官Cが，初回の面接を行うことになった。審判直後であり，家庭裁判所からは，氏名，年齢，非行名，遵守事項に関する意見など，最小限の情報が届いている。

　　Cの初回面接における対応方針として，最も適切なものを1つ選べ。

① 特別遵守事項を設定する。

② 担当する保護司が同席できるよう手配する。

③ 保護処分の決定に対する抗告について説明する。

④ 関係構築を優先し，家族関係や成育歴についての質問は控える。

⑤ 家庭裁判所において既に確認されているため，事件内容についての質問は控える。

2021−69　更生保護制度

問69　16歳の男子Ａ，高校１年生。万引きにより逮捕され，少年鑑別所に収容された後，家庭裁判所の審判により保護観察処分となった。Ａは，審判終了後すぐに母親Ｂと共に保護観察所に来た。Ａの居住する地域を担当している保護観察官Ｃが，初回の面接を行うことになった。審判直後であり，家庭裁判所からは，氏名，年齢，非行名，遵守事項に関する意見など，最小限の情報が届いている。
　　Ｃの初回面接における対応方針として，最も適切なものを１つ選べ。
① 特別遵守事項を設定する。
② 担当する保護司が同席できるよう手配する。
③ 保護処分の決定に対する抗告について説明する。
④ 関係構築を優先し，家族関係や成育歴についての質問は控える。
⑤ 家庭裁判所において既に確認されているため，事件内容についての質問は控える。

　まず，選択肢を眺めると，各選択肢にポイントになると思われる用語あるいは表現が見られる。①特別遵守事項，②保護司，③抗告，④⑤「……についての質問は控える」である。

　家庭裁判所からは最小限の情報が届いているだけなので，保護観察官の立場から家族関係や成育歴あるいは事件内容について必要なことは質問すべきである。保護観察官の職務は，少年の保護観察と生活環境調整なので，更生についての助言指導が主たるものである。したがって，④⑤は適切でない。

　①②③については，時間経過を考える必要がある。家庭裁判所で保護観察に付する旨の決定がなされると，その決定に対して不満がある場合は，高等裁判所に不服の申し立て（＝抗告）をすることができるという説明が同時に行われる。その後，少年と保護者に保護観察所への出頭が求められ，保護観察官が面接を行うのである。前述したように，保護観察官は本件犯行に至った経緯や少年の生活状況などを聴取し，保護観察中に守るべき遵守事項を設定して，遵守事項を守って非行のない生活をするように指導する。それから，保護観察官は保護観察の実施計画を作成し，担当保護司を決定するとともに，少年に対しては毎月２回程度，担当保護司を訪問して生活状況を報告し，指導を受けるように指示を出す。また，必要に応じて，保護観察官が自ら面接指導することもある。以上のことから，③は保護観察官が面接を行う以前のことであり，②は保護観察官が面接を行ってから決まることなので，いずれも適切でない。

　①に関して，更生保護法では保護観察対象者が一般遵守事項と特別遵守事項を遵守することを規定している。更生保護法50条は，一般遵守事項について規定しているが，これはすべての保護観察対象者が遵守しなければならないものである。それに対して，更生保護法51条は，特別遵守事項について規定しているが，これは保護観察対象者の特性や改善更生の状況などに応じて，個々の保護観察対象者ごとに定められるものである。初回面接で示されることになる。例えば，万引き常習者に対しては，「一人でコンビニやスーパーなどには行かないこと」が挙げられる。したがって，①が適切である。

選択肢の検討

① ○
② ×　保護司は保護観察官と面接した後に決まる。
③ ×　家庭裁判所で決定がなされたときに，抗告をすることができることを説明される。
④ ×　家族関係や成育歴についての質問は必要である。
⑤ ×　事件内容についての質問（確認）は必要である。

解　答　　①

【辰已法律研究所の出口調査に基づく正答率と肢別解答率　1736人 Data】

正答率 18.8%	肢1	肢2	肢3	肢4	肢5
	18.8%	38.8%	23.9%	12.8%	5.5%

着眼点

　本事例問題の選択肢を選んだ割合は，①18.8%，②38.8%，③23.9%と三分されるが，正解の①が3つの中では一番少ない割合である。したがって，難解問題というより不適切な問題である。

　公認心理師とは関係なく，保護観察官の職務に関する事例である。保護観察官の面接は，カウンセリングというよりは助言指導である。選択肢で紛らわしいのは保護観察官と保護司の関係である。保護司の主な職務は，保護観察対象者と面接を行い指導や助言をすることで，少年の立ち直りを地域で支えるボランティアである。保護観察官がすべての保護対象者を直接指導することは物理的に困難なため，多くの場合は日常的な指導は保護司に依頼している。

2021−59

問 59　ストレッサー，ネガティブな自動思考（以下「自動思考」という。）及び抑うつ反応の 3 つの変数を測定した。ストレッサーは，調査前の出来事を測定した。変数間の相関係数を算出したところ，ストレッサーと抑うつ反応の相関係数は 0.30，ストレッサーと自動思考の相関係数は 0.33，自動思考と抑うつ反応の相関係数は 0.70 で，いずれの相関係数も有意であった。パス解析を行ったところ，ストレッサーから自動思考への標準化パス係数は 0.31 で有意であり，自動思考から抑うつ反応への標準化パス係数は 0.64 で有意であり，ストレッサーから抑うつ反応への標準化パス係数は 0.07 で有意ではなかった。

　　以上の結果から解釈可能なものとして，最も適切なものを 1 つ選べ。

① 　自動思考は，抑うつ反応に対して影響を与える説明変数ではない。

② 　抑うつ反応は，ストレッサーに対して影響を与える説明変数である。

③ 　ストレッサーは，抑うつ反応に対して自動思考を介して影響を与えている。

④ 　自動思考が根本的な原因として，ストレッサーと抑うつ反応の両方を説明している。

⑤ 　抑うつ反応に対して，ストレッサーと自動思考は対等に説明する変数となっている。

2021-59　　考　察

> **問59**　ストレッサー，ネガティブな自動思考（以下「自動思考」という。）及び抑うつ反応の3つの変数を測定した。ストレッサーは，調査前の出来事を測定した。変数間の相関係数を算出したところ，ストレッサーと抑うつ反応の相関係数は 0.30，ストレッサーと自動思考の相関係数は 0.33，自動思考と抑うつ反応の相関係数は 0.70 で，いずれの相関係数も有意であった。パス解析を行ったところ，ストレッサーから自動思考への標準化パス係数は 0.31 で有意であり，自動思考から抑うつ反応への標準化パス係数は 0.64 で有意であり，ストレッサーから抑うつ反応への標準化パス係数は 0.07 で有意ではなかった。
> 　以上の結果から解釈可能なものとして，最も適切なものを1つ選べ。
> ① 自動思考は，抑うつ反応に対して影響を与える説明変数ではない。
> ② 抑うつ反応は，ストレッサーに対して影響を与える説明変数である。
> ③ ストレッサーは，抑うつ反応に対して自動思考を介して影響を与えている。
> ④ 自動思考が根本的な原因として，ストレッサーと抑うつ反応の両方を説明している。
> ⑤ 抑うつ反応に対して，ストレッサーと自動思考は対等に説明する変数となっている。

　まず，選択肢を眺めると，説明変数という用語が出てくるので統計に関する問題だと分かる。説明変数とは，何らかの因果関係において原因となっている変数（値が変わるもの）のことである。結果となる変数は目的変数という。変数として，自動思考・抑うつ反応・ストレッサーという3つが出てくるので，この3つの関係について問われている問題と思われる。

　問題文にある相関係数とは，2つの変数の間の直線的な関連性（相関関係）の強さを表すものである。相関関係は，2つの変数の関係のことで，一方が増えるともう一方も増える（もしくは一方が減るともう一方も減る）といった関係のことをいう。

　パス解析は，説明変数と目的変数の関係性を，パス図を使って表したものである。説明変数が複数あり，それぞれに相関関係がある場合に用いられることがある。パス係数は変数の間の相関関係や因果関係を表す。

　相関係数の値から，ストレッサーと抑うつ反応，ストレッサーと自動思考，自動思考と抑うつ反応の間にはそれぞれ相関関係があり，何らかの影響を与えているといえるため，選択肢の①は不適切である。ストレッサーは調査前の出来事を測定したとあるため，抑うつ反応がストレッサーに影響を与えるとはいえないため，②も不適切である。同じ理由で④も不適切である。ストレッサー

と自動思考の抑うつ反応への相関係数はどちらも有意だったが，パス係数では値の差があり対等とはいえないので，⑤は不適切である。

　残る③は，ストレッサーが抑うつ反応に対して自動思考を介して影響を与えているという解釈が正しいといえる。したがって，③が適切である。

選択肢の検討

① ×　自動思考と抑うつ反応の間には相関があるので，影響を与える説明変数である。
② ×　ストレッサーは調査前に測定されているため，抑うつ反応がストレッサーの説明変数にはならない。
③ ○
④ ×　②と同様に，自動思考がストレッサーの根本的な原因とはいえない。
⑤ ×　ストレッサーと自動思考は，抑うつ反応に対しての相関係数とパス係数の値に差があるため，対等とはいえない。

解　答　③

【辰已法律研究所の出口調査に基づく正答率と肢別解答率　1736人 Data】

正答率 60.4%	肢1	肢2	肢3	肢4	肢5
	3.2%	6.3%	60.4%	24.2%	5.3%

着 眼 点

　本事例問題の選択肢を選んだ割合は，③60.4%，④24.2%で二分され，自動思考をどう捉えるかということで解答が違ってくると思われる。そこで，ストレッサーから抑うつ反応への標準化パス係数のみ有意ではなかったこと，自動思考と抑うつ反応の相関係数がかなり高いことに着目する必要がある。

　相関係数とパス解析についての詳しい知識がなくても，統計に関する基礎的な知識（説明変数や有意の意味等）が分かっていれば解くことができる問題である。

　ちなみに，相関係数の値は−1〜＋1になり，値が1に近いと正の相関（一方が増えるともう一方も増える関係）があり，−1に近いと負の相関（一方が増えるともう一方が減る関係），0に近いと相関がないといえる。ただし相関関係があっても因果関係があるとはいい切れない。

　パス係数の値は相関係数と違い，いくつに近づけば関係が強いという基準はなく，値が大きいほど関係が強いといえる。

出典：福島哲夫他　統計に関する基礎的な知識　公認心理師必携テキスト　学研
　　　2018

問 63　公認心理師Aが主演者である学会発表において，実験結果の報告のためのスライドを準備している。実験の背景，目的，結果，考察などをまとめた。Aは他者の先行研究で示された実験結果の一部を参考論文から抜き出し，出所を明らかにすることなく自分のデータとして図を含めてスライドに記述した。

　　このまま発表する場合，該当する不正行為を1つ選べ。

① 盗用

② 改ざん

③ ねつ造

④ 多重投稿

⑤ 利益相反

2021-63　心理学における研究倫理

問63　公認心理師Aが主演者である学会発表において，実験結果の報告のためのスライドを準備している。実験の背景，目的，結果，考察などをまとめた。Aは他者の先行研究で示された実験結果の一部を参考論文から抜き出し，出所を明らかにすることなく自分のデータとして図を含めてスライドに記述した。
　　このまま発表する場合，該当する不正行為を1つ選べ。
① 盗用
② 改ざん
③ ねつ造
④ 多重投稿
⑤ 利益相反

　まず，選択肢を眺めると，論文や実験の発表等に際して注意が必要とされる言葉が並んでいる。事例を読むと，他者の実験結果の一部を抜き出し自分のデータとして記述しているので，①盗用にあたると分かる。

　②改ざんとは，許可もなく権限のない者がデータ等を書き換えることである。③ねつ造とは，事実ではないことを事実であるかのようにいうことである。④多重投稿は，複数の媒体で論文等を発表することである。⑤利益相反は，一方には利益になることがもう一方には不利益になることである。

選択肢の検討

① ○
② ×　データ等を書き換えることである。
③ ×　事実でないことを事実であるかのようにいうことである。
④ ×　複数の媒体で論文等を発表することである。
⑤ ×　一方には利益になることがもう一方には不利益になることである。

解　答　　①

【辰巳法律研究所の出口調査に基づく正答率と肢別解答率　1736人Data】

正答率 95.4%	肢1	肢2	肢3	肢4	肢5
	95.4%	0.7%	2.5%	0.6%	0.6%

着眼点

　選択肢を選んだ割合は，①95.4%と集中しており，易しい標準的な問題である。
　「他人の作品をそっくりそのまま自分のものと偽る」のが盗用である。似たような意味で剽窃という言葉があるが，これは「他人の著作から，部分的に文章，語句，筋，思想などを盗み，自作の中に自分のものとして用いること」である。なお，自身が執筆した論文であっても，引用を明示することなく転載した場合は自己剽窃となる。

　近年，利益相反がクローズアップされることも多い。利益相反とは，利害（利益と責務）が対立することであり，個人としての利益相反は，研究機関としての利益相反，責務相反がある。

　一般社団法人日本心理臨床学会が出している『心理臨床学研究論文執筆ガイド』の中にねつ造や改ざん，剽窃等について詳しく書かれている箇所があるので，一読することをお勧めする。

出典：福島哲夫他　研究倫理　公認心理師必携テキスト　学研　2018

2021－72

問 72　53 歳の女性Ａ。もともと軽度の弱視がある。大学卒業後，管理栄養士
として働いていたが，結婚後，出産を機に退職し，その後，職には就いていな
い。2 年前に一人娘が就職し一人暮らしを始めた頃から，抑うつ的になるこ
とが増え，身体のほてりを感じることがしばしばあり，頭痛や倦怠感がひど
くなった。また，これから何をしていいのか展望が持てなくなり，不安な状
態が続いていた。しかし，最近，かつて仕事でも趣味でもあった料理を，ボラ
ンティアで 20 歳から 30 歳代の女性らに教える機会を得て，彼女らとの会
話を楽しみにするようになっている。

　　Aのここ数年来の心身の状態として，<u>該当しないもの</u>を 1 つ選べ。

① 更年期障害
② 空の巣症候群
③ アイデンティティ危機
④ 生成継承性〈generativity〉
⑤ セルフ・ハンディキャッピング

2021-72　自己過程

> **問 72**　53 歳の女性 A。もともと軽度の弱視がある。大学卒業後，管理栄養士として働い
> ていたが，結婚後，出産を機に退職し，その後，職には就いていない。2 年前に一人娘が
> 就職し一人暮らしを始めた頃から，抑うつ的になることが増え，身体のほてりを感じるこ
> とがしばしばあり，頭痛や倦怠感がひどくなった。また，これから何をしていいのか展望
> が持てなくなり，不安な状態が続いていた。しかし，最近，かつて仕事でも趣味でもあっ
> た料理を，ボランティアで 20 歳から 30 歳代の女性らに教える機会を得て，彼女らとの
> 会話を楽しみにするようになっている。
> 　Aのここ数年来の心身の状態として，<u>該当しないもの</u>を 1 つ選べ。
> ① 更年期障害
> ② 空の巣症候群
> ③ アイデンティティ危機
> ④ 生成継承性〈generativity〉
> ⑤ セルフ・ハンディキャッピング

　まず，選択肢を眺めると，主に成人期や壮年期のライフイベントが並んでい
ることがわかる。

　事例の文章と照合してみると，「2 年前に一人娘が就職し一人暮らしを始めた
頃から，抑うつ的になることが増え」は，②空の巣症候群に当てはまる。「身体
のほてりを感じることがしばしばあり，頭痛や倦怠感がひどくなった」が，①
更年期障害に当てはまる。「これから何をしていいのか展望が持てなくなり，不
安な状態が続いていた」が，③アイデンティティの危機（中年の危機）に当ては
まる。「最近，かつて仕事でも趣味でもあった料理を，ボランティアで 20 歳か
ら 30 歳代の女性らに教える機会を得て，彼女らとの会話を楽しみにするように
なっている」が，④生成継承性に当てはまる。したがって，①〜④はAのここ数
年来の心身の状態に該当する。

　⑤セルフ・ハンディキャッピングは，「自分自身にハンディキャップを付ける
こと」という意味で，あらかじめ言い訳をして自分自身にハンディキャップを
課すことである。これによって，失敗しても自尊心が傷つかないし，成功すれ
ば「ハンデを乗り越えた自分はすごい」という優越感が得られる。

　以上のことから，⑤が該当しない。

選択肢の検討

① × 該当する
② × 該当する
③ × 該当する
④ × 該当する
⑤ ○ 該当しない。自分自身にハンディキャップを付けるようなことはして
　　いない。

解　答　　⑤

【辰已法律研究所の出口調査に基づく正答率と肢別解答率　1736人 Data】

正答率 77.1%	肢1	肢2	肢3	肢4	肢5
	1.3%	2.8%	11.7%	7.0%	77.1%

着眼点

　選択肢を選んだ割合は⑤77.1%であり，比較的易しい標準的な問題である。
　④のジェネラティビティ（generativity）はエリクソンの造語で，子孫をはじめ，何かを生み育て，次世代へと継承していくことで，成人期後期の課題である。この生成継承性を獲得できないと，自分にしか関心がなく，停滞し，人間関係が希薄になってしまう。これに関しての出題は，公認心理師試験2018.12 – 137にあるので，調べておく必要がある。
　⑤セルフ・ハンディキャッピングについては，公認心理師試験2018.12 – 10で選択肢の1つに使われている。

2021-75

問75　70歳の女性A。Aは，Aの夫である会社役員のBに付き添われ，開業
している公認心理師Cのもとを訪れた。Bによると，Aは自宅近くのスーパー
マーケットで大好きなお菓子を万引きし，店を出てから食べているところを
警備員に発見されたとのこと。Aは，「万引きはそのときが最初で最後であり，
理由は自分でもよく分からない」と述べるとともに，同居している半身不随
のBの母親の介護を一人で行っているため自分の時間を持てないことや，B
が介護はAの仕事であると言っていることへの不満を述べた。AとBは，C
に対してAが二度と万引きしないようになるための助言を求めている。
　　　CのAへの理解として，不適切なものを1つ選べ。

① Aは，窃盗症の疑いが強い。
② Aは，ストレスへの対処力が弱まっている。
③ AとBの夫婦間コミュニケーションが不十分である。
④ Aにとっては，Bの母親の介護が負担になっている。
⑤ Aに器質的疾患があるかどうかを確認する必要がある。

2021-75 成人のパーソナリティ及び行動の障害〈F6〉

問75 70歳の女性A。Aは，Aの夫である会社役員のBに付き添われ，開業している公認心理師Cのもとを訪れた。Bによると，Aは自宅近くのスーパーマーケットで大好きなお菓子を万引きし，店を出てから食べているところを警備員に発見されたとのこと。Aは，「万引きはそのときが最初で最後であり，理由は自分でもよく分からない」と述べるとともに，同居している半身不随のBの母親の介護を一人で行っているため自分の時間を持てないことや，Bが介護はAの仕事であると言っていることへの不満を述べた。AとBは，Cに対してAが二度と万引きしないようになるための助言を求めている。
　CのAへの理解として，不適切なものを1つ選べ。
① Aは，窃盗症の疑いが強い。
② Aは，ストレスへの対処力が弱まっている。
③ AとBの夫婦間コミュニケーションが不十分である。
④ Aにとっては，Bの母親の介護が負担になっている。
⑤ Aに器質的疾患があるかどうかを確認する必要がある。

　まず，選択肢を眺めると，①の窃盗症と⑤の器質的疾患が目を引く。

　Aは，義母の介護を一人で行っているため自分の時間を持てないことで，かなりストレスがたまっており，それをうまく対処できていない。このように介護が負担になっているのに，夫が義母の介護はAの仕事であると言っていることへの不満もある。これは，夫婦の会話が一方通行で，コミュニケーションが不十分であることを示している。以上のことから，②③④はCのAへの理解として適切である。

　Aの万引きは，「そのときが最初で最後」と述べているように常態化していない。窃盗症は，窃盗（万引き）を止めたくても自分の意思では止められないという依存症で，盗むことに耽溺した状態である。したがって，Aには当てはまらないので，不適切である。なお，Aは万引きしたことを「理由は自分でもよく分からない」と述べているので，軽度認知障害が疑われる。専門家や医療機関に相談して，器質的疾患があるかどうかを確認する必要がある。以上のことから，⑤は適切であり，①は不適切なものである。

選択肢の検討

① ○　不適切である。窃盗症ではない。
② ×　適切である。
③ ×　適切である。
④ ×　適切である。
⑤ ×　適切である。

解　答　　①

【辰巳法律研究所の出口調査に基づく正答率と肢別解答率　1736人 Data】

正答率 87.7%	肢1	肢2	肢3	肢4	肢5
	87.7%	2.4%	3.5%	0.3%	6.0%

着 眼 点

　選択肢を選んだ割合は，①87.7%と集中しており，易しい標準的な問題である。
　本事例問題は，症状から窃盗症ではなく，軽度認知障害の疑いに気づけば正解が得られると思われる。

Ⅱ 2つの頻出項目（出題内容）について

　過去4回分の事例問題をみると，頻出項目（出題内容）として「うつ病・うつ状態」と「発達障害・知的障害」の2つを挙げることができる。それらをまとめ，正答率を示したのが，下表である。

　25問の内訳は，正答率が60％以上のもの（標準問題）19問，60％未満のもの（難解問題）6問であり，標準問題が多いことがわかる。

数字は正答率（％），＊は難解問題

年　月	うつ病・うつ状態		発達障害・知的障害	
2018.09 （第1回）	問60	94.8	問61	69.4
	問72	87.5	問75	70.8
	問77	26.2＊	問76	58.3＊
2018.12 （第1回追加）	問59	80.6	問70	79.2
	問73	56.3＊	問138	67.4
	問153	68.8	問143	63.9
2019.08 （第2回）	問74	86.5	問61	78.8
	問140	82.7	問69	32.5＊
	問154	50.8＊	問73	82.6
2020.12 （第3回）	問71	93.0	問72	45.1＊
	問138	61.4	問150	93.4
	問143	69.9	問153	93.8
	問146	96.2	－	－
問題合計	13問		12問	

158

1　うつ病・うつ状態関連の事例問題

2018.09-60

問60　33歳の女性A。Aは，3年前にうつ病と診断されて自殺未遂歴がある。1か月前からうつ状態となり，入水しようとしているところを両親が発見し，嫌がるAを精神科外来に連れてきた。両親は入院治療を希望しており，Aも同意したため任意入院となった。入院当日に病棟で公認心理師が面接を開始したところ，「すぐに退院したい」とAから言われた。

　　このときのAへの対応として，最も適切なものを1つ選べ。

① 主治医との面接が必要であることを伝える。
② 退院には家族の許可が必要であることを伝える。
③ 意に反する入院は有益ではないため面接を中断する。
④ Aが希望すれば直ちに退院が可能であることを伝える。
⑤ 外来に通院することを条件に，退院が可能であると伝える。

2018.09−60　精神保健福祉法

問60　33歳の女性A。Aは，3年前にうつ病と診断されて自殺未遂歴がある。1か月前からうつ状態となり，入水しようとしているところを両親が発見し，嫌がるAを精神科外来に連れてきた。両親は入院治療を希望しており，Aも同意したため任意入院となった。入院当日に病棟で公認心理師が面接を開始したところ，「すぐに退院したい」とAから言われた。
　　このときのAへの対応として，最も適切なものを1つ選べ。
① 主治医との面接が必要であることを伝える。
② 退院には家族の許可が必要であることを伝える。
③ 意に反する入院は有益ではないため面接を中断する。
④ Aが希望すれば直ちに退院が可能であることを伝える。
⑤ 外来に通院することを条件に，退院が可能であると伝える。

　まず，選択肢を眺めると，（退院には）主治医との面接（①），退院には家族の許可（②），直ちに退院が可能（④），通院という条件付きで退院が可能（⑤），および面接の中断（③），と簡略化することができる。

　本事例は，入院患者との面接で退院を希望されたとき，公認心理師はどのように対応するかということである。カウンセリングにおける共感的理解ということから，クライエントの気持ちを受容することは大事であるが，公認心理師は自分本位の判断を避ける必要がある（③④⑤）。

　ポイントは公認心理師法である。クライエントに主治医がいるときは，その指示を受けなければならないので（公認心理師法42条2項），「①主治医との面接が必要であることを伝える」のが適切な対応である。公認心理師は，クライエントの気持ちを落ち着かせるように働きかけて，主治医に橋渡しすることが大事である。

選択肢の検討

① ○

② × 家族ではなく主治医の許可が必要である。

③ × 面接を中断するのではなく，主治医との橋渡しをするべきである。

④ × 退院は主治医の許可が必要であることを伝える。

⑤ × 退院は主治医の許可が必要であることを伝える。

解　答　　①

【辰巳法律研究所の出口調査に基づく正答率と肢別解答率　5961人 Data】

正答率 94.8%	肢1	肢2	肢3	肢4	肢5
	94.8%	0.6%	0.2%	3.7%	0.7%

着 眼 点

　選択肢の①を90％以上の人が選んでいるが，他の選択肢がほとんど選ばれていないのに，④がわずかだが選ばれている（3.7％）。これは，任意入院なのでAが希望すれば退院できるという判断である。

　任意入院は，本人自身で物事を正しく理解し，入院治療の必要性や的確な入院時期についての判断ができる状態での入院である。「任意」による入院なので，医師が許可すれば自由に退院することができる。すなわち，任意であっても，医師の許可が必要なのである。

　入院形態には任意入院の他に，医療保護入院，応急入院，措置入院，緊急措置入院があるので，調べておく必要がある。

2018.09－72

問72　35歳の男性Ａ，営業職。1か月ほど前に，直属の上司Ｂからそろそろ課長に昇進させると言われ，Ａは喜んだ。昇進の準備として部署の中期目標を作成するように指示されたが，いざ書こうとすると何も書けず，不安になり他の仕事も手につかなくなった。Ａの様子を見かねたＢの勧めで，社内の相談室に来室した。「中期目標はどう書けばいいか分からない。こんな状態で課長になる自信がない」と訴える。Ａの許可を得てＢに話を聞くと，Ａの営業成績は優秀で，部下の面倒見もよく，Ｂとしても会社としても，課長に昇進することを期待しているとのことだった。

　　相談室の公認心理師の対応として，最も適切なものを1つ選べ。

①　Ａに中期目標をどのように書くべきか助言する。
②　現在Ａは抑うつ状態であるため，まず精神科への受診を勧める。
③　昇進はチャンスと捉えられるため，目前の中期目標の作成に全力を尽くすよう励ます。
④　目前の課題に固着するのではなく，キャリア全体から現在の課題を眺めることを支援する。
⑤　現在のＡには中期目標の作成は過重な負荷であるため，担当を外してもらうよう助言する。

2018.09-72　キャリアコンサルティング

問72　35歳の男性Ａ，営業職。１か月ほど前に，直属の上司Ｂからそろそろ課長に昇進させると言われ，Ａは喜んだ。昇進の準備として部署の中期目標を作成するように指示されたが，いざ書こうとすると何も書けず，不安になり他の仕事も手につかなくなった。Ａの様子を見かねたＢの勧めで，社内の相談室に来室した。「中期目標はどう書けばいいか分からない。こんな状態で課長になる自信がない」と訴える。Ａの許可を得てＢに話を聞くと，Ａの営業成績は優秀で，部下の面倒見もよく，Ｂとしても会社としても，課長に昇進することを期待しているとのことだった。

相談室の公認心理師の対応として，最も適切なものを１つ選べ。
① 　Ａに中期目標をどのように書くべきか助言する。
② 　現在Ａは抑うつ状態であるため，まず精神科への受診を勧める。
③ 　昇進はチャンスと捉えられるため，目前の中期目標の作成に全力を尽くすよう励ます。
④ 　目前の課題に固着するのではなく，キャリア全体から現在の課題を眺めることを支援する。
⑤ 　現在のＡには中期目標の作成は過重な負荷であるため，担当を外してもらうよう助言する。

　　まず，選択肢を眺めると，公認心理師の対応として，中期目標の作成を支援（①③），視点を変えて現在の課題を眺めることを支援（④），中期目標の作成から離脱を助言（⑤），精神科への受診（②），と簡略化することができる。

　　35歳という働き盛りのＡは成績優秀である。上司から課長に昇進の内示があり，Ａは喜んだ。しかし，昇進の準備のための中期目標が作成できず，課長になることの自信を失くしている。こんな状態のＡに助言や励ましによって中期目標の作成を続けさせることは，かえって追いつめることになるであろう。したがって，①③は適切でない。

　　Ａは昇進の内示による反応性うつ病に近い状態と考えられ，ストレスとなることを取り除く必要がある。したがって，担当を外してもらうことも一案であるが，担当を外されることでますます自信を失くさせることになるであろう（⑤）。また，精神科への受診で休養することを指示されれば，⑤と同様に担当から外れることになると思われる（②）。

　　④の選択肢にキャリアという言葉があり，それからキャリアコンサルタントあるいはキャリアコンサルティングが思いつくことが大事である。Ａは成績優秀なのであるから，狭い視野で課題を捉えるのではなく，これまでのキャリア

から広い視点で課題を考えること，すなわち視点を変えて課題を眺めるように
すれば，今の状態から脱却することが期待できる。このような支援が望まれる
ので，④が最も適切な対応である。

選択肢の検討

① × このまま中期目標の作成を続けさせることは適切でない。
② × 精神科への受診が必要なほどではないし，受診によって担当から外れ
    ることになると思われる。
③ × このまま中期目標の作成を続けさせることは適切でない。
④ ○
⑤ × 担当から外れることでますます自信を失くさせることになる。

解　答　④

【辰已法律研究所の出口調査に基づく正答率と肢別解答率　5961人Data】

正答率 87.5%	肢1	肢2	肢3	肢4	肢5
	0.7%	8.3%	0.1%	87.5%	3.3%

着 眼 点

　②の選択肢を選んだ割合がわずかに高かったが（8.3%），Ａが抑うつ状態であると判断すれば精神科への受診を勧めることになるであろう。しかし，Ａの状態が精神科への受診が必要なほどのものかとなると，微妙な問題であるがそこまでは行っていないように思われる。

　公認心理師がキャリアコンサルタントあるいはキャリアコンサルティングができるかどうかという問題は，会社の相談室に勤めている以上，その知識は持っておく必要があると考える。

　キャリアは，一般的には個人の長期にわたる職業的経歴（職歴）を意味する。学生，求職者，在職者などを対象に職業選択や能力開発に関する相談・助言を行う専門職をキャリアコンサルタントという。2016年4月に職業能力開発促進法にキャリアコンサルタントが規定され，国家資格となる。

　主な業務として，求職者や在職者を対象に，職業の選択，職業生活設計又は職業能力の開発及び向上に関する相談を行うが，そのことをキャリアコンサルティングという。

2018.09-77

問77　30歳の女性A，事務職。Aはまじめで仕事熱心であったが，半年前から業務が過重になり，社内の相談室の公認心理師Bに相談した。その後，うつ病の診断を受け，3か月前に休業した。休業してからも時折，Bには近況を伝える連絡があった。本日，AからBに「主治医から復職可能との診断書をもらった。早く職場に戻りたい。手続を進めてほしい」と連絡があった。

　このときの対応として，適切なものを<u>2つ</u>選べ。

①　AとBで復職に向けた準備を進める。

②　Bが主治医宛に情報提供依頼書を作成する。

③　Aは職場復帰の段階となったため相談を打ち切る。

④　Aが自分で人事課に連絡を取り，復職に向けた手続を進めるように伝える。

⑤　Aの同意を得て，Bが産業医にこれまでの経緯を話し，必要な対応を協議する。

2018.09－77　　職場復帰

> 問77　30歳の女性Ａ，事務職。Ａはまじめで仕事熱心であったが，半年前から業務が過重になり，社内の相談室の公認心理師Ｂに相談した。その後，うつ病の診断を受け，3か月前に休業した。休業してからも時折，Ｂには近況を伝える連絡があった。本日，ＡからＢに「主治医から復職可能との診断書をもらった。早く職場に戻りたい。手続を進めてほしい」と連絡があった。
> 　このときの対応として，適切なものを2つ選べ。
> ①　ＡとＢで復職に向けた準備を進める。
> ②　Ｂが主治医宛に情報提供依頼書を作成する。
> ③　Ａは職場復帰の段階となったため相談を打ち切る。
> ④　Ａが自分で人事課に連絡を取り，復職に向けた手続を進めるように伝える。
> ⑤　Ａの同意を得て，Ｂが産業医にこれまでの経緯を話し，必要な対応を協議する。

　まず，選択肢を眺めると，復職の進め方（①④），医者（主治医，産業医）との連携の仕方（②⑤），相談の打ち切り（③）であることがわかる。

　復職の進め方であるが，公認心理師は復職に関与すべきか，あるいはＡ自身の問題なので自分で復職の手続を進めるように伝えるべきかということである。Ａは休職後も近況を伝える連絡をしてきて，公認心理師を信頼しているように思われるが，本来自分がすべきことまで公認心理師に頼んできて，依存的になっていると考えられる。したがって，公認心理師は復職についての助言はしても，復職そのものに関与すべきではないと判断される。以上のことから，①は適切でなく④は適切である。

　主治医の診断書があり，それをＡの承諾の上，開示してもらえれば，さらに情報提供書は必要ないと思われる。なお，一般的に情報提供の依頼は産業医が行う。産業医とはＡの同意を得た上で，必要な対応を協議する。したがって，②は適切でなく⑤は適切である。

　③については，職場復帰したからといって相談を打ち切る必要はなく，相談を打ち切ることはかえって不安を高めることになるし，復職後のケアも必要になってくるからである。したがって，③は適切でない。

選択肢の検討

① ×　公認心理師は復職の準備まで関与すべきではない。
② ×　主治医の診断書があれば情報提供書は必要ない。
③ ×　復職後のケアが必要である。
④ ○
⑤ ○

解　答　④，⑤

【辰已法律研究所の出口調査に基づく正答率と肢別解答率　5961 人 Data】

正答率 26.2%	解答欄	肢1	肢2	肢3	肢4	肢5
	No.86	19.4%	49.5%	0.3%	26.4%	3.4%
	No.87	0.3%	1.1%	0.2%	2.1%	93.3%

着 眼 点

　⑤の産業医と対応を協議することは必要なことで，選択されている割合は高い。もう一つの適切な選択肢が難しかったようで，選択された割合の高い方から②（49.5%），④（26.4%），①（19.4%）の順である。

　解説で述べられているように，復職の手続きは本人自身が人事課と行うことである。④が選択されなかったのは，「自分で人事課に連絡を取り」という表現が，クライエントを突き放すような印象を与えたためと思われる。

　復職を前向きに捉えるようになるという心の問題と，復職に向けた事務手続きを行うことは異なるが，「①AとBで復職に向けた準備を進める」は，二人で準備することが後者を意味していると判断されるので適切でない。

Ⅱ 2つの頻出項目（出題内容）について

2018.12-59

問 59　27 歳の女性，会社員。3 年前から大きなプロジェクトの一員となり，連日深夜までの勤務が続いていた。気分が沈むため少し休みたいと上司に申し出たところ，認められなかった。徐々に不眠と食欲不振が出現し，出勤できなくなった。1 週間自宅にいたが改善しないため，精神科を受診した。自責感，卑小感及び抑うつ気分を認め，A に対して薬物療法が開始され，主治医は院内の公認心理師に面接を依頼した。

　　A への公認心理師の言葉として，最も適切なものを 1 つ選べ。

① 趣味で気晴らしをしてみましょう。
② 労働災害の認定を申請してみてはどうですか。
③ 自分のことを責める必要はないと思います。
④ 他の部署への異動を願い出てはどうですか。
⑤ 私が代わりに労働基準監督署に連絡しましょう。

2018.12−59　職場における問題と必要な心理的支援

> 問59　27歳の女性，会社員。3年前から大きなプロジェクトの一員となり，連日深夜までの勤務が続いていた。気分が沈むため少し休みたいと上司に申し出たところ，認められなかった。徐々に不眠と食欲不振が出現し，出勤できなくなった。1週間自宅にいたが改善しないため，精神科を受診した。自責感，卑小感及び抑うつ気分を認め，Aに対して薬物療法が開始され，主治医は院内の公認心理師に面接を依頼した。
> 　　Aへの公認心理師の言葉として，最も適切なものを1つ選べ。
> ①　趣味で気晴らしをしてみましょう。
> ②　労働災害の認定を申請してみてはどうですか。
> ③　自分のことを責める必要はないと思います。
> ④　他の部署への異動を願い出てはどうですか。
> ⑤　私が代わりに労働基準監督署に連絡しましょう。

　まず，選択肢を眺めると，気晴らしの勧め（①），労働災害あるいは過重労働の訴え（②⑤），自責感への対応（③），異動の願い出（④）であることがわかる。

　すぐに思いつくのは，Aの状態が労働災害に該当するかどうかということである。極度の長時間労働によるのか，時間外労働の時間数が示されていないので判断できない。すなわち，労働災害かもしれないが，断定するための情報が乏しいため，労働災害を前提とした言葉かけは適切ではない。したがって，②⑤は適切でない。

　Aにとって「自責感，卑小感及び抑うつ気分」の改善が目指すことであり，そのためには何が必要かを考えることである。①の趣味による気晴らしは，抑うつ気分の改善は期待できるが，自責感，卑小感の改善にはつながらないと思われる。③のように直接的な言葉かけが必要である。したがって，①は適切でなく③が適切である。

　④の他の部署への異動は，ストレスの元から離れるのも一つの対策であるが，「仕事ができなかったダメな自分」という思いを生じさせる可能性が高いと思われる。したがって，④は③より適切とは言えない。

選択肢の検討

①　×　抑うつ気分の改善のみ期待できる。

②　×　労働災害に該当するか判断できない。

③　○

④　×　「仕事ができないダメな自分」という思いが生じる可能性が高い。

⑤　×　労働災害に該当するか判断できない。

解　答　　③

【辰已法律研究所の出口調査に基づく正答率と肢別解答率　144人Data】

正答率 80.6%	肢1	肢2	肢3	肢4	肢5
	4.2%	7.6%	80.6%	6.9%	0.0%

着　眼　点

　本事例問題のポイントは，Aの状態が労働災害に該当するかどうか，何を治療目標にするか，という2点である。

　前者について，労働災害と断定するだけの情報が乏しいので，労働災害を前提とした言葉かけは慎むべきである。後者について，自責感と卑小感の改善を治療目標とした言葉かけが必要であることに気づくことである。

Ⅱ　2つの頻出項目（出題内容）について

2018.12-73

問73　22歳の女性Ａ，大学４年生。アルバイトや就職活動で疲弊し，試験勉
　強がまったく手につかないとＡは学生相談室を訪れ，公認心理師に訴えた。
　Ａは涙を流しており，事実関係は整理されておらず，混乱した様子であった。
　公認心理師とはほとんど視線を合わせず，うつむいたままであった。ベック
　抑うつ性尺度では，中等度のうつという結果が出された。MMPIの結果は，
　ほとんどの臨床尺度のＴ得点が60を超えていた。妥当性尺度は，？尺度＝
　0，Ｌ尺度＝30，Ｆ尺度＝90，Ｋ尺度＝40であった。
　　これらの情報からの判断として，最も適切なものを１つ選べ。
①　Ａは防衛が強く，問題の程度が低く現れている。
②　一貫性のある回答が多く，素直に回答している。
③　社会的望ましさの回答が多く，検査の結果が歪曲されている。
④　精神的苦痛を誇張しているため，全体の得点が高くなっている。

2018.12−73　　中等度のうつ

> 問73　22歳の女性Ａ，大学４年生。アルバイトや就職活動で疲弊し，試験勉強がまった
> く手につかないとＡは学生相談室を訪れ，公認心理師に訴えた。Ａは涙を流しており，事
> 実関係は整理されておらず，混乱した様子であった。公認心理師とはほとんど視線を合わ
> せず，うつむいたままであった。ベック抑うつ性尺度では，中等度のうつという結果が出
> された。MMPIの結果は，ほとんどの臨床尺度のＴ得点が 60 を超えていた。妥当性尺
> 度は，？尺度＝０，Ｌ尺度＝30，Ｆ尺度＝90，Ｋ尺度＝40 であった。
> 　　これらの情報からの判断として，最も適切なものを１つ選べ。
> ①　Ａは防衛が強く，問題の程度が低く現れている。
> ②　一貫性のある回答が多く，素直に回答している。
> ③　社会的望ましさの回答が多く，検査の結果が歪曲されている。
> ④　精神的苦痛を誇張しているため，全体の得点が高くなっている。

　MMPIの妥当性尺度についての問題である。？尺度は妥当性の疑わしさの尺
度（疑問尺度），Ｌ尺度は虚構（Lie）かどうかの尺度（虚偽尺度），Ｆ尺度は出
現率が 10％以下と低い回答の有無を調べる尺度（頻度尺度），Ｋ尺度は検査への
警戒や自己の防衛を示す尺度（修正尺度，対処尺度）である。

　①については，妥当性尺度のＫ尺度を見る必要がある。これによって，「防衛
の強さ」の程度を知ることができる。一般的にＴ得点は平均 50 前後に設定され
ていて，高得点で 70 以上，低得点で 45 以下を指している。Ｋ尺度＝40 で高く
ないので，①は適切でない。

　②については，妥当性尺度のＦ尺度を見る必要がある。これによって，「回答
に一貫性があるか否か」を知ることができる。Ｆ尺度＝90 と非常に高く，一貫
性のある回答を示していないことがわかる。何らかの心理的要因によって応答
が歪められていることが推察できる。したがって，②は適切でない。

　③については，妥当性尺度のＬ尺度を見る必要がある。これによって，「社会
的望ましさ」の程度を知ることができる。故意に自分を良く見せようとする場
合に高くなり，Ｌ＝70 以上になると，信頼性の薄い回答と判断できる。Ｌ尺度
＝30 で高くないので，③は適切でない。

　④については，Ｆ尺度が高い場合，回答に一貫性がないことは，故意に悪く
見せようとしたり症状を誇張したりしている可能性が考えられる。また，Ｋ尺

度が高くなく，全体的に尺度得点が高いのは，苦痛を強く訴えようとしていることが考えられる。以上のことから，④が適切である。

選択肢の検討

① × K尺度は高くないので，防衛は強くない。
② × F尺度は非常に高いので，一貫性のある回答が少ない。
③ × L尺度は高くないので，社会的望ましさの回答が少ない。
④ ○

解　答　④

【辰已法律研究所の出口調査に基づく正答率と肢別解答率　144人Data】

正答率 56.3%	肢1	肢2	肢3	肢4
	9.0%	4.9%	26.4%	56.3%

着　眼　点

　MMPI の妥当性尺度の解釈が難しく，難解問題である。MMPI の問題は，第１回公認心理師試験 2018.09 － 109 にも出題されている。

　MMPI の妥当性尺度の解釈のポイントは，L 尺度，F 尺度，K 尺度の３つが谷型か山型かを見ることである。「L 尺度＝ 30，F 尺度＝ 90，K 尺度＝ 40」は，山型である。これは，援助を強く望むため症状を誇張して訴えていることを意味していると理解できる。

　谷型の場合，自分を好ましく見せようとしたり強く否認していると L 尺度は高くなる。また，心理的に防衛されていると K 尺度が高くなるが，低得点のときは一貫性や素直さが示されているといえる。

出典：日本臨床 MMPI 研究会　わかりやすい MMPI 活用ハンドブック－施工から
　　　臨床応用まで－　金剛出版　2011

2018.12-153

問 153　50 歳の男性Ａ。うつ病の診断で通院中である。通院している病院に
勤務する公認心理師がＡと面接を行っていたところ，Ａから自殺を計画して
いると打ち明けられた。Ａは「あなたを信頼しているから話しました。他の
人には絶対に話さないでください。僕の辛さをあなたに分かってもらえれば
十分です」と話した。

　　このときの公認心理師の対応として，優先されるものを<u>2つ</u>選べ。

①　自殺を断念するように説得する。

②　自殺予防のための電話相談を勧める。

③　主治医に面接内容を伝え，相談する。

④　秘密にするという約束には応じられないことをＡに伝える。

⑤　Ａの妻に「話さないでほしい」と言われていることを含めて自殺の計画に
ついて伝える。

2018.12-153　うつ病

> 問153　50歳の男性Ａ。うつ病の診断で通院中である。通院している病院に勤務する公認心理師がＡと面接を行っていたところ，Ａから自殺を計画していると打ち明けられた。Ａは「あなたを信頼しているから話しました。他の人には絶対に話さないでください。僕の辛さをあなたに分かってもらえれば十分です」と話した。
> 　このときの公認心理師の対応として，優先されるものを2つ選べ。
> ①　自殺を断念するように説得する。
> ②　自殺予防のための電話相談を勧める。
> ③　主治医に面接内容を伝え，相談する。
> ④　秘密にするという約束には応じられないことをＡに伝える。
> ⑤　Ａの妻に「話さないでほしい」と言われていることを含めて自殺の計画について伝える。

　本事例は，公認心理師がクライエントから自殺の計画を打ち明けられたもので，それにどう対応すべきかという問題である。

　公認心理師法には，主治医がいる場合はその指示に従うことになっているので，「③主治医に面接内容を伝え，相談する」は優先される対応である。

　①は当然のことであるが，自分の価値観を押し付けることになったり，分かってもらえないという感情を抱かせることになったりするので，適切とは言えない。②は信頼して話してくれたのに他の相談機関を紹介することは，効果があるかも分からないし無責任な対応である。

　④と⑤を比較すると，④は秘密保持義務を念頭に置いた発言であり，⑤は「自殺など，自分自身に対して深刻な危害を加えるおそれのある緊急事態」として，秘密保持義務の例外的状況と考えた行動である。すなわち，警告義務に相当すると判断したわけであるが，その場合でもクライエントの了解を得ること，少なくとも了解を得ようと努めることが優先される。したがって，秘密にするという約束には応じられないことを伝えた後に，奥さんと話し合うことを勧めたりするのであり，④が優先される対応である。

選択肢の検討

① ×　自分の価値観を押し付けることになったり，分かってもらえないという感情を抱かせることになったりする。

② ×　他の相談機関を紹介しても効果があるのか分からないし，無責任な対応である。

③ ○

④ ○

⑤ ×　警告義務に相当すると判断した場合でもクライエントの了解を得ること，少なくとも了解を得ようと努めることが優先される。

解　答　③，④

【辰已法律研究所の出口調査に基づく正答率と肢別解答率　144人Data】

正答率 68.8%	解答欄	肢1	肢2	肢3	肢4	肢5
	No.179	7.6%	3.5%	86.8%	1.4%	0.0%
	No.180	1.4%	0.0%	8.3%	69.4%	20.1%

着眼点

(1) 2018.12-144
　⑤ 危機対応として家族に連絡し医療機関への受診を勧めるよう助言する。
(2) 2018.12-153
　⑤ Aの妻に「話さないでほしい」と言われていることを含めて自殺の計画について伝える。
(3) 2020.12-152
　⑤ 自殺のおそれがあるため，教師又は保護者と情報を共有するに当たりAの了解を得るよう努める。

　以上の3問⑤について，(1)　×（不適切），(2)　×（不適切），(3)　○（適切）である。これは，「警告義務に相当すると判断される場合でも，まずはクライエントの了解を得ることが優先される」ということである。

2019.08-74

問74　35歳の男性Ａ，営業職。時間外・休日労働が社内規定の60時間を超え，疲労感があるとのことで，上司は公認心理師にＡとの面接を依頼した。直近3か月の時間外・休日労働の平均は64時間であった。健康診断では，肥満のために減量が必要であることが指摘されていた。疲労蓄積度自己診断チェックリストでは，中等度の疲労の蓄積が認められた。この1か月，全身倦怠感が強く，布団から出るのもおっくうになった。朝起きたときに十分に休めた感じがなく，営業先に向かう運転中にたまに眠気を感じることがあるという。

　　公認心理師の対応として，不適切なものを1つ選べ。

①　生活習慣の把握を行う。

②　うつ病などの可能性の評価を行う。

③　Ａに運転業務をやめるように指示する。

④　Ａの医学的評価を求めるように事業主に助言する。

⑤　仕事の負担度，仕事のコントロール度及び職場の支援度を把握する。

2019.08−74　公認心理師の対応

問74　35歳の男性A，営業職。時間外・休日労働が社内規定の60時間を超え，疲労感があるとのことで，上司は公認心理師にAとの面接を依頼した。直近3か月の時間外・休日労働の平均は64時間であった。健康診断では，肥満のために減量が必要であることが指摘されていた。疲労蓄積度自己診断チェックリストでは，中等度の疲労の蓄積が認められた。この1か月，全身倦怠感が強く，布団から出るのもおっくうになった。朝起きたときに十分に休めた感じがなく，営業先に向かう運転中にたまに眠気を感じることがあるという。
　　公認心理師の対応として，不適切なものを1つ選べ。
① 生活習慣の把握を行う。
② うつ病などの可能性の評価を行う。
③ Aに運転業務をやめるように指示する。
④ Aの医学的評価を求めるように事業主に助言する。
⑤ 仕事の負担度，仕事のコントロール度及び職場の支援度を把握する。

　まず，選択肢を眺めると，明らかに適切なものとして，実態の把握（①⑤）が挙げられる。
　①の生活習慣，⑤の仕事の負担度など，実態の把握は必要であり，①⑤は適切な対応である。「この1か月，全身倦怠感が強く，布団から出るのもおっくうになった」とあるので，「②うつ病などの可能性の評価を行う」は必要なことである。それに関連して，④の産業医等に医学的評価を求める必要がある。したがって，②④は適切な対応である。
　残る1つの③は，公認心理師が指示することではなく事業主がすることなので，職場の管理監督者に相談するよう助言するべきである。したがって，③が不適切な対応である。

選択肢の検討

① ×　生活習慣の把握は適切な対応である。
② ×　うつ病などの可能性の評価は適切な対応である。
③ ○　不適切な対応

④ × 医学的評価を求めることは適切な対応である。
⑤ × 仕事の負担度などの把握は適切な対応である。

| 解　　答 | ③ |

【辰已法律研究所の出口調査に基づく正答率と肢別解答率　2121人Data】

正答率 86.5%	肢1	肢2	肢3	肢4	肢5
	1.6%	2.2%	86.5%	9.1%	0.4%

着 眼 点

　疲労蓄積度自己診断チェックリストについて理解しておく必要がある。
　厚生労働省では，過重労働による健康障害を防止するため，平成14年2月12日に「過重労働による健康障害防止のための総合対策」を策定し，事業者が講ずべき措置の周知徹底を図ってきた。その後，労働者本人による自己診断のための「労働者の疲労蓄積度自己診断チェックリスト」を公表した。これに加え，家族により労働者の疲労蓄積度を判定できる「家族による労働者の疲労蓄積度チェックリスト」を公表した。
　このチェックリストを活用することにより，労働者自身あるいは家族から見て疲労の蓄積度を簡便に判断でき，積極的な健康管理につながることが期待される。なお，このチェックリストの判定結果と，疲労の蓄積による現実の健康障害との関係については差異もあることから，必要に応じて産業医や，産業医が選任されていない小規模事業場では，地域産業保健センターの登録医等，あるいは管理監督者に相談することが望ましいとしている。

出典：厚生労働省　労働者の疲労蓄積度自己診断チェックリスト

Ⅱ 2つの頻出項目（出題内容）について

2019.08−140

問140　22歳の女性Ａ。Ａは職場での人間関係における不適応感を訴えて精神科を受診した。ときどき休みながらではあるが勤務は継続している。親と仲が悪いので2年前から単身生活をしているとのことである。公認心理師が主治医から心理的アセスメントとして，YG法，BDI-Ⅱ，WAIS-Ⅳの実施を依頼された。YG法ではＥ型を示し，BDI-Ⅱの得点は19点で希死念慮はない。WAIS-Ⅳの全検査IQは98であったが，言語理解指標と処理速度指標との間に大きな差があった。

　　公認心理師が引き続き行う対応として，最も適切なものを1つ選べ。

①　MMSEを実施する。

②　田中ビネー知能検査Ⅴを追加する。

③　家族から情報を収集したいとＡに伝える。

④　重篤なうつ状態であると主治医に伝える。

⑤　生育歴についての情報をＡから聴き取る。

2019.08−140　アセスメント

> 問 140　22 歳の女性Ａ。Ａは職場での人間関係における不適応感を訴えて精神科を受診
> した。ときどき休みながらではあるが勤務は継続している。親と仲が悪いので2年前から
> 単身生活をしているとのことである。公認心理師が主治医から心理的アセスメントとし
> て，YG 法，BDI-Ⅱ，WAIS-Ⅳの実施を依頼された。YG 法ではE型を示し，BDI-Ⅱの得
> 点は 19 点で希死念慮はない。WAIS-Ⅳの全検査 IQ は 98 であったが，言語理解指標と
> 処理速度指標との間に大きな差があった。
> 　　公認心理師が引き続き行う対応として，最も適切なものを1つ選べ。
> ①　MMSE を実施する。
> ②　田中ビネー知能検査Ⅴを追加する。
> ③　家族から情報を収集したいとＡに伝える。
> ④　重篤なうつ状態であると主治医に伝える。
> ⑤　生育歴についての情報をＡから聴き取る。

　まず，選択肢を眺めると，心理検査を実施する（①②），情報を聴取する（③
⑤）に分けることができる。

　適切でないものとして④が挙げられる。なぜなら，BDI-Ⅱ（ベック抑うつ質
問票）の得点が 19 点なので軽症と判定され，重篤なうつ状態とはいえないから
である。①MMSE（精神状態短時間検査）は，認知症のスクリーニング検査な
ので除外される。また，WAIS-Ⅳを実施しているので，②田中ビネー知能検査Ⅴ
を追加で行う必要はない。以上のことから，①②④は適切でない。

　「親と仲が悪いので2年前から単身生活をしている」ということで，主訴で
ある人間関係における不適応感と関係があるかもしれないので，生育歴につい
ての情報は必要と思われる。仲が悪い家族から情報を収集することは，Ａの同
意を得られるか分からない。むしろ，まずＡから生育歴を聴取して，必要に応
じて家族から情報を収集すべきである。したがって，③は適切でなく⑤が適切
である。

選択肢の検討

① ×　認知症のスクリーニング検査である。
② ×　知的には普通知能であり知能検査の追加は必要ない。
③ ×　まず本人から生育歴の情報を聴き取るべきである。
④ ×　軽症と判定されるので重篤なうつ状態とはいえない。
⑤ ○

解　答　　⑤

【辰巳法律研究所の出口調査に基づく正答率と肢別解答率　2121人Data】

正答率 82.7%	肢1	肢2	肢3	肢4	肢5
	4.4%	4.2%	5.0%	3.5%	82.7%

着 眼 点

　BDI-Ⅱは，抑うつ症状の重症度を判定するための検査である。得点が0～13点では極軽症，14～19点では軽症，20～28点では中等症，29～63点では重症と判別する。

　認知機能障害が疑われる場合には，認知機能検査を行うことが望ましい。例えば，MMSE（精神状態短時間検査）やHDS-R（長谷川式認知症スケール）などは，認知症のスクリーニング検査である。

出典：Beck. A. T. 他　小嶋雅代他訳　日本版BDI-Ⅱ手引き　日本文化科学社　2003

Ⅱ　2つの頻出項目（出題内容）について

2019.08−154

問 154　35 歳の男性 A，会社員。うつ病の診断で休職中である。抑うつ感は改善したが，まだ夜間よく眠れず，朝起きづらく，昼間に眠気がある。通院している病院に勤務する公認心理師が A と面接を行っていたところ，A は「主治医には伝えていないが，同僚に取り残される不安があり，早々に復職をしたい。職場に行けば，昼間は起きていられると思う」と話した。

　　このときの公認心理師の対応として，適切なものを2つ選べ。

① 試し出勤制度を利用するよう助言する。

② まだ復職ができるほど十分に回復していないことを説明する。

③ A に早々に復職したいという焦る気持ちがあることを受け止める。

④ 同僚に取り残される不安については，これを否定して安心させる。

⑤ 主治医に職場復帰可能とする診断書を作成してもらうよう助言する。

2019.08-154　職場復帰支援

問154　35歳の男性A，会社員。うつ病の診断で休職中である。抑うつ感は改善したが，まだ夜間よく眠れず，朝起きづらく，昼間に眠気がある。通院している病院に勤務する公認心理師がAと面接を行っていたところ，Aは「主治医には伝えていないが，同僚に取り残される不安があり，早々に復職をしたい。職場に行けば，昼間は起きていられると思う」と話した。
　このときの公認心理師の対応として，適切なものを2つ選べ。
① 試し出勤制度を利用するよう助言する。
② まだ復職ができるほど十分に回復していないことを説明する。
③ Aに早々に復職したいという焦る気持ちがあることを受け止める。
④ 同僚に取り残される不安については，これを否定して安心させる。
⑤ 主治医に職場復帰可能とする診断書を作成してもらうよう助言する。

　まず，選択肢を眺めると，③と④がほぼ正反対であることがわかる。したがって，どちらかが適切であり，どちらかが不適切である。

　Aの「……同僚に取り残される不安があり，早々に復職したい。……」という言葉から，不安と焦りの気持ちが伝わってくる。公認心理師は，それを否定して安心させるのではなく，そのまま受け止めるべきである。したがって，④は適切ではなく，③が適切な対応である。

　復職に関する①②⑤については，復職を進める（①⑤）か，復職が時期尚早（②）かを判断する必要がある。「抑うつ感は改善したが，まだ夜間はよく眠れず，朝起きづらく，昼間に眠気がある」ということなので，不眠の症状があり，そのため業務に支障が出るのではないかという心配がある。したがって，復職を進めるには時期尚早であると判断すべきである。以上のことから，②が適切な対応である。

選択肢の検討

① ×　試験的でも継続して出勤するのは難しいと思われる。
② ○
③ ○

④　×　否定して安心させるのではなく，そのまま受け止めるべきである。

⑤　×　主治医も職場復帰可能とは判断しないと思われる。

解　答　②，③

【辰巳法律研究所の出口調査に基づく正答率と肢別解答率　2121 人 Data】

正答率 50.8%	解答欄	肢1	肢2	肢3	肢4	肢5
	No.177	34.5%	50.9%	14.1%	0.1%	0.2%
	No.178	0.1%	0.4%	84.4%	1.8%	12.9%

着 眼 点

　本事例問題が難しかったのは，①（34.5%），⑤（12.9%）という二つの選択肢があったからである。そこで，①⑤がなぜ適切な対応でないのかを理解する必要がある。「その他職場復帰支援に関して検討・留意すべき事項　職場復帰の可否の判断基準」において，その例として「適切な睡眠覚醒リズムが整っている，昼間に眠気がない」が挙げられているので，復職できるほど十分に回復していないと判断できる。したがって，①の試し出勤制度を利用するまでに至っていないということである。⑤については，診断書の作成となると職場復帰が前提となるので，「主治医に職場復帰が可能か否かを判断してもらうよう助言する」とするのが適切である。

　なお，リハビリ出勤（試し出勤制度）には，模擬出勤，通勤訓練，試し出勤の3通りの方法があるので，調べておく必要がある。

出典：厚生労働省　心の健康問題により休業した労働者の職場復帰支援の手引き
　　　平成 24 年 7 月改訂

2020.12-71

問 71　22 歳の男性A，大学4年生。Aは 12 月頃，就職活動も卒業研究もう
まくいっていないという主訴で学生相談室に来室した。面接では，気分が沈
んでいる様子で，ポツリポツリと言葉を絞り出すような話し方であった。「就
職活動がうまくいかず，この時期になっても1つも内定が取れていない。卒
業研究も手につかず，もうどうしようもない」と思い詰めた表情で語ってい
た。指導教員からも，日々の様子からとても心配しているという連絡があっ
た。

　　Aの自殺のリスクを評価する際に優先的に行うこととして，<u>不適切なもの</u>
を1つ選べ。

① 　絶望感や喪失感などがあるかどうかを確認する。
② 　就職活動の方向性が適切であったかどうかを確認する。
③ 　現在と過去の自殺の念慮や企図があるかどうかを確認する。
④ 　抑うつ状態や睡眠の様子など，精神的・身体的な状況を確認する。
⑤ 　就職活動や卒業研究の現状を，家族や友人，指導教員に相談できているか
どうかを確認する。

2020.12-71　自殺のリスクの評価

> 問71　22歳の男性A，大学4年生。Aは12月頃，就職活動も卒業研究もうまくいって
> いないという主訴で学生相談室に来室した。面接では，気分が沈んでいる様子で，ポツリ
> ポツリと言葉を絞り出すような話し方であった。「就職活動がうまくいかず，この時期に
> なっても1つも内定が取れていない。卒業研究も手につかず，もうどうしようもない」と
> 思い詰めた表情で語っていた。指導教員からも，日々の様子からとても心配しているとい
> う連絡があった。
> 　　Aの自殺のリスクを評価する際に優先的に行うこととして，<u>不適切なもの</u>を1つ選べ。
> ①　絶望感や喪失感などがあるかどうかを確認する。
> ②　就職活動の方向性が適切であったかどうかを確認する。
> ③　現在と過去の自殺の念慮や企図があるかどうかを確認する。
> ④　抑うつ状態や睡眠の様子など，精神的・身体的な状況を確認する。
> ⑤　就職活動や卒業研究の現状を，家族や友人，指導教員に相談できているかどうかを確認
> する。

　まず，選択肢を眺めると，すべての選択肢に専門用語はなく，常識の範囲で
正解が得られる問題である。

　①の絶望感（＝希望がすべて絶たれた感じ）や喪失感（＝大事なもののすべ
てが失われてしまったような感じ）が強いことは，自殺のリスクを高める危険
な状態と言える。③の自殺念慮や自殺企図があることは，自殺の実行可能性を
高める要因である。自殺念慮（＝死にたいという思い）だけでなく，自殺企図
（＝実際に死のうとしたこと）のあるほうが，より自殺のリスクが高い。④の
精神的・身体的な状況が悪いと，苦しみから逃れる手段として，自殺などの極
端な方法を実行してしまう危険がある。⑤の身近に援助してくれる人が多くい
て，その人たちと接触する機会があるほど自殺の危険は低くなる。したがって，
家族や友人，指導教員に助けてもらうことができるか否かは，今後の支援を考
える上でも大事なことである。以上のことから，①③④⑤は自殺のリスクを評
価する際に優先的に行うことである。

　それに対して②は，すぐに行うことではなく，危機的状況を回避できてから
行うことである。すなわち，自殺のリスクがなくなり，現状を変えていこうと
前向きな気持ちになったときに検討することである。したがって，②は不適切
である。

選択肢の検討

① ×　適切。絶望感や喪失感は自殺の危険因子である。

② ○　不適切。

③ ×　適切。自殺の念慮や企図は自殺の危険因子である。

④ ×　適切。精神的・身体的な状況が悪いと自殺のリスクが高くなる。

⑤ ×　適切。家族や友人などの援助がないことは危険因子なので，相談できているか確認する必要がある。

解　答　②

【辰已法律研究所の出口調査に基づく正答率と肢別解答率　1703人 Data】

正答率 93.0%	肢1	肢2	肢3	肢4	肢5
	0.9%	93.0%	4.8%	0.2%	0.9%

着 眼 点

　自殺のリスク評価を問うものであるが，「どのような状況であれば自殺に繋がりやすくなるか」ということを知っていれば正解が得られる常識的な事例問題である。

　自殺の危険因子としては，精神疾患，自殺企図の既往，援助のなさ，加齢，喪失体験，薬物乱用，被虐待体験，自殺の家族歴などがあげられる。

出典：中島義明他　心理学辞典　有斐閣　1999

Ⅱ　2つの頻出項目（出題内容）について

問138　37歳の男性A，会社員。Aは，大学卒業後，製造業に就職し，約10年従事したエンジニア部門から1年前に管理部門に異動となった。元来，完璧主義で，慣れない仕事への戸惑いを抱えながら仕事を始めた。しかし，8か月前から仕事がたまるようになり，倦怠感が強まり，欠勤も増えた。その後，6か月前に抑うつ気分と気力の低下を主訴に精神科を受診し，うつ病と診断された。そして，抗うつ薬による薬物療法の開始と同時に休職となった。しかし，主治医による外来治療を6か月受けたが，抑うつ症状が遷延している。病院の公認心理師に，主治医からAの心理的支援が依頼された。

　　このときのAへの対応として，最も優先されるべきものを1つ選べ。
① 散歩を勧める。
② HAM-D を行う。
③ うつ病の心理教育を行う。
④ 認知行動療法の導入を提案する。
⑤ 発症要因と症状持続要因の評価を行う。

2020.12-138　うつ病への対応

問 138　37 歳の男性Ａ，会社員。Ａは，大学卒業後，製造業に就職し，約 10 年従事したエンジニア部門から１年前に管理部門に異動となった。元来，完璧主義で，慣れない仕事への戸惑いを抱えながら仕事を始めた。しかし，8 か月前から仕事がたまるようになり，倦怠感が強まり，欠勤も増えた。その後，6 か月前に抑うつ気分と気力の低下を主訴に精神科を受診し，うつ病と診断された。そして，抗うつ薬による薬物療法の開始と同時に休職となった。しかし，主治医による外来治療を６か月受けたが，抑うつ症状が遷延している。病院の公認心理師に，主治医からＡの心理的支援が依頼された。
　このときのＡへの対応として，最も優先されるべきものを１つ選べ。
① 散歩を勧める。
② HAM-D を行う。
③ うつ病の心理教育を行う。
④ 認知行動療法の導入を提案する。
⑤ 発症要因と症状持続要因の評価を行う。

　まず，選択肢を眺めると，アセスメント（②⑤），心理教育や心理療法（③④），その他（①）に分けられる。原則は，心理面に働きかける前にアセスメントを行うことである。そこで，②と⑤を比較してみる。②はハミルトンうつ病評価尺度（Hamilton Depression Scale）であり，正常かうつ病かを診断するものである。Ａは主治医からうつ病と診断されているので，その重症度は分かるが最優先されるものではない。Ａは外来治療を６か月間受けたが，抑うつ症状が遷延していて良くなっていない。そこを主治医は問題にしていて，その原因（要因）の査定を公認心理師に求めてきたのだと思われる。したがって，うつ病の発症要因と症状持続要因の評価を行う必要があり，⑤が最優先されるものである。

選択肢の検討

①　×　散歩は気分転換に良いが，それで治るようなものではない。
②　×　重症度は分かるが最優先されるものではない。
③　×　心理教育を行う前にアセスメントが必要である。
④　×　心理療法を導入する前にアセスメントが必要である。
⑤　○

解　答　⑤

【辰已法律研究所の出口調査に基づく正答率と肢別解答率　1703人Data】

正答率 61.4%	肢1	肢2	肢3	肢4	肢5
	0.1%	8.6%	1.7%	28.0%	61.4%

着眼点

　「④認知行動療法の導入を提案する」（28.0%）を選んだ割合がやや高いが，「アセスメント→心理治療」という原則を忘れてはならない。
　HAM-Dは，17項目，3〜5点をつけ，以下のように評価する。なお，2019.08−151の選択肢の1つに「HAM-Dを実施する」がある。

【HAM-D】
0点〜 7点　　正　常
8点〜13点　　軽　症
14点〜18点　　中等度
19点〜22点　　重　症
23点以上　　最重症

2020.12－143

問 143　20 代の男性Ａ，会社員。Ａは，300 名の従業員が在籍する事業所に勤務している。Ａは，うつ病の診断により，3 か月前から休職している。現在は主治医との診察のほかに，勤務先の企業が契約している外部のメンタルヘルス相談機関において，公認心理師Ｂとのカウンセリングを継続している。抑うつ気分は軽快し，睡眠リズムや食欲等も改善している。直近3週間の生活リズムを記載した表によれば，平日は職場近くの図書館で新聞や仕事に関連する図書を読む日課を続けている。職場復帰に向けた意欲も高まっており，主治医は職場復帰に賛同している。

　　次にＢが行うこととして，最も適切なものを1つ選べ。

① 　傷病手当金の制度や手続について，Ａに説明する。
② 　Ａの診断名と病状について，管理監督者に報告する。
③ 　職場復帰の意向について管理監督者に伝えるよう，Ａに提案する。
④ 　職場復帰に関する意見書を作成し，Ａを通して管理監督者に提出する。
⑤ 　Ａの主治医と相談しながら職場復帰支援プランを作成し，産業医に提出する。

2020.12−143　職場復帰

問143　20代の男性A，会社員。Aは，300名の従業員が在籍する事業所に勤務している。Aは，うつ病の診断により，3か月前から休職している。現在は主治医との診察のほかに，勤務先の企業が契約している外部のメンタルヘルス相談機関において，公認心理師Bとのカウンセリングを継続している。抑うつ気分は軽快し，睡眠リズムや食欲等も改善している。直近3週間の生活リズムを記載した表によれば，平日は職場近くの図書館で新聞や仕事に関連する図書を読む日課を続けている。職場復帰に向けた意欲も高まっており，主治医は職場復帰に賛同している。

次にBが行うこととして，最も適切なものを1つ選べ。
① 傷病手当金の制度や手続について，Aに説明する。
② Aの診断名と病状について，管理監督者に報告する。
③ 職場復帰の意向について管理監督者に伝えるよう，Aに提案する。
④ 職場復帰に関する意見書を作成し，Aを通して管理監督者に提出する。
⑤ Aの主治医と相談しながら職場復帰支援プランを作成し，産業医に提出する。

　まず，選択肢を眺めると，②③④に管理監督者があるのが目につく。

　事例を読むと，職場復帰に向けてどう支援したらよいかということがテーマである。そのためには，主治医による職場復帰可能の判断が必要であるが，主治医は職場復帰に賛同している。次に，職場復帰の可否の判断及び「職場復帰支援プラン」の作成を行う。これは，本人，上司，人事スタッフ，産業医等の産業衛生スタッフ，主治医の多くの関係者が連携して行うものである。

　①は，休職するときに事業所が説明することなので適切でない。②の診断名と病状は，主治医の診断書に書かれているので，管理監督者に報告するのは適切でない。③の職場復帰の意向は，本人が管理監督者に伝える必要があるので適切である。したがって，③が正解である。

　④の職場復帰に関する意見書を作成するということはないので適切でない。⑤は，主治医に診断書を作成してもらい，産業医の意見を踏まえて職場復帰支援プランを作成するので適切でない。

選択肢の検討

① 　×　休職するときに事業所が説明することである。

② 　×　診断名と病状は主治医の診断書に書かれている。

③ 　○

④ 　×　公認心理師が意見書を作成するようなことはしない。

⑤ 　×　主治医には診断書を作成してもらい，職場復帰支援プランは産業医の意見を踏まえて決定する。

解　答　　③

【辰已法律研究所の出口調査に基づく正答率と肢別解答率　1703人 Data】

正答率 69.9%	肢1	肢2	肢3	肢4	肢5
	0.2%	0.2%	69.9%	4.9%	24.7%

着眼点

　正解の③の割合（69.9%）に比べて，⑤の割合（24.7%）が比較的多かった。したがって，主治医と産業医の役割をきちんと押さえておく必要がある。

　2018.09－77 に「職場復帰」に関する類似問題が出題されている。そこでの適切な対応は，主治医から復職可能との診断書をもらった人が，「本人が自分で人事課に連絡を取り，復職に向けた手続を進めるように伝える」と「本人の同意を得て，産業医にこれまでの経過を話し，必要な対応を協議する」の2つであった。本事例問題は，前の方の対応に通じるものである。

出典：厚生労働省　心の健康問題により休業した労働者の職場復帰支援の手引き　平成 24 年 7 月改訂

Ⅱ　2つの頻出項目（出題内容）について

2020.12-146

問 146　55歳の男性A，会社員。Aは，意欲や活気がなくなってきたことか
ら妻Bと共に受診した。Aは4か月前に部長に昇進し張り切って仕事をして
いたが，1か月前から次第に夜眠れなくなり，食欲も低下した。仕事に集中
できず，部下に対しても適切に指示ができなくなった。休日は部屋にこもり，
問いかけに何も反応しないことが多くなり，飲酒量が増えた。診察時，問診
に対する反応は鈍く，「もうだめです。先のことが見通せません。こんなはず
じゃなかった」などと述べた。血液生化学検査に異常所見はみられなかった。
診察後，医師から公認心理師Cに，Bに対して家族教育を行うよう指示があっ
た。

　CのBへの説明として，<u>不適切なもの</u>を1つ選べ。

① 薬物療法が治療の1つになります。
② 入院治療が必要になる可能性があります。
③ できる限り休息をとらせるようにしてください。
④ 今は落ち着いているので自殺の危険性は低いと思います。
⑤ 気晴らしに何かをさせることは負担になることもあります。

2020.12−146　心理教育

問146　55歳の男性A，会社員。Aは，意欲や活気がなくなってきたことから妻Bと共に受診した。Aは4か月前に部長に昇進し張り切って仕事をしていたが，1か月前から次第に夜眠れなくなり，食欲も低下した。仕事に集中できず，部下に対しても適切に指示ができなくなった。休日は部屋にこもり，問いかけに何も反応しないことが多くなり，飲酒量が増えた。診察時，問診に対する反応は鈍く，「もうだめです。先のことが見通せません。こんなはずじゃなかった」などと述べた。血液生化学検査に異常所見はみられなかった。診察後，医師から公認心理師Cに，Bに対して家族教育を行うよう指示があった。
　　CのBへの説明として，不適切なものを1つ選べ。
① 薬物療法が治療の1つになります。
② 入院治療が必要になる可能性があります。
③ できる限り休息をとらせるようにしてください。
④ 今は落ち着いているので自殺の危険性は低いと思います。
⑤ 気晴らしに何かをさせることは負担になることもあります。

　まず，選択肢を眺めると，家族に必要な知識や情報が書かれているが，これは家族に対する心理教育である。

　Aは昇進うつと思われるが，昇進をきっかけに発症するうつ病のことである。したがって，うつ病への対策が必要である。うつ病の治療には薬物療法が欠かせないので，①は適切である。重いうつ病の場合は，入院により薬物療法と精神療法を組み合わせることで回復する期待が持てるので，②は適切である。うつ病治療の柱の一つが休息である。十分な休息をとって心と体を休ませることは，うつ病治療の第一歩なので，③は適切である。負担になることがあるので，新しいことに手を出すことは控える方が良く，⑤は適切である。

　残りの④については，落ち着いているように見えても，抑うつ症状で絶望感が強いときは，自殺の危険性が高まる。Aは「もうだめです。先のことが見通せません」と言って絶望感が強いので，自殺の危険性が低いとは言えず，④は不適切である。

選択肢の検討

① ×　適切。薬物療法は欠かせない。
② ×　適切。入院が必要な場合がある。
③ ×　適切。十分な休息はうつ病治療の第一歩である。
④ ○　不適切。
⑤ ×　適切。新しいことは負担になることがあるので控えた方が良い。

解　答　　④

【辰巳法律研究所の出口調査に基づく正答率と肢別解答率　1703人 Data】

正答率 96.2%	肢1	肢2	肢3	肢4	肢5
	1.4%	1.4%	0.5%	96.2%	0.5%

着 眼 点

　昇進うつ（出世うつ）の事例であるが，2018.09 - 72 は似たような事例である。
　うつ病になりやすい人の特徴は，「まじめ」「責任感が強い」「義務感が強い」
といったことが挙げられる。そこで，昇進うつを回避するためには，「他人に頼
る」「他人に過剰に気を遣わない」ということが大切で，具体的には「自分の上
司を頼る」「任せるべきことは部下に任せる」「信頼できる人に仕事のことにつ
いて話す」といった行動を意識することである。

2　発達障害・知的障害関連の事例問題

2018.09−61

問61　10歳の女児A，小学4年生。小学校への行きしぶりがあり，母親に伴われて教育相談室に来室した。母親によると，Aは学習にも意欲的で，友達ともよく遊んでいる。母親をよく手伝い，食前に食器を並べることは必ず行うので感心している。幼児期は泣くことも要求も少ない，手のかからない子どもだった。Aに聞くと，音読が苦手であり，予習はするが授業中うまく音読ができず，緊張して瞬きが多くなり，最近では家でも頻繁に瞬きをしてしまうという。また「友達には合わせているが，本当は話題が合わない」と話す。

　　Aの見立てと対応として，最も適切なものを1つ選べ。

① チック症状がみられるため，専門医への受診を勧める。

② うつ状態が考えられるため，ゆっくり休ませるよう指導する。

③ 発達障害の重複が考えられるため，多面的なアセスメントを行う。

④ 発達障害が考えられるため，ソーシャルスキルトレーニング〈SST〉を行う。

⑤ 限局性学習症／限局性学習障害〈SLD〉が考えられるため，適切な学習方法を見つける。

2018.09−61　発達障害

> **問61**　10歳の女児Ａ，小学4年生。小学校への行きしぶりがあり，母親に伴われて教育相談室に来室した。母親によると，Ａは学習にも意欲的で，友達ともよく遊んでいる。母親をよく手伝い，食前に食器を並べることは必ず行うので感心している。幼児期は泣くことも要求も少ない，手のかからない子どもだった。Ａに聞くと，音読が苦手であり，予習はするが授業中うまく音読ができず，緊張して瞬きが多くなり，最近では家でも頻繁に瞬きをしてしまうという。また「友達には合わせているが，本当は話題が合わない」と話す。
> 　　Ａの見立てと対応として，最も適切なものを1つ選べ。
> ①　チック症状がみられるため，専門医への受診を勧める。
> ②　うつ状態が考えられるため，ゆっくり休ませるよう指導する。
> ③　発達障害の重複が考えられるため，多面的なアセスメントを行う。
> ④　発達障害が考えられるため，ソーシャルスキルトレーニング〈SST〉を行う。
> ⑤　限局性学習症／限局性学習障害〈SLD〉が考えられるため，適切な学習方法を見つける。

　まず，選択肢を眺めると，①専門医への受診，②ゆっくり休ませる，③多面的なアセスメント，④ソーシャルスキルトレーニング，⑤適切な学習方法，と簡略化することができる。

　本事例には，多様な症状が見られる。「小学校への行きしぶりがあり」「音読が苦手であり」「緊張して瞬きが多くなり」「（友達と）話題が合わない」等であり，どれがキーワードになるのか決めるのが難しい。そこで，見立てを見ると，①チック症状，②うつ状態，③発達障害の重複，④発達障害，⑤限局性学習症であり，うつ状態の記述はないので，②は当てはまらない。目に付くのは音読が苦手ということで，読字障害と判断され学習障害が疑われるが，今の情報では断定できない。

　幼児期から手のかからない子で，すでにその頃から「良い子」だったと思われる。現在も家ではよく手伝いをし学校では友達に合わせて良い子を演じているが，かなり無理をしているのであろう。きっかけは授業中の音読であるが，瞬きというチック症状が家庭でも見られるようになっている。

　以上のように，登校しぶり，読字障害，チック症状と言う多様な症状の発症要因を，現在の情報だけでは理解できないので，まずは多面的なアセスメントを行う必要がある（③）。それがあって，ソーシャルスキルトレーニングを行っ

たり（④），適切な学習方法をみつけたりすること（⑤）につながるのである。チック症状については，できるだけリラックスさせるようにして，自分の意思を出させるような関わり方が必要である。登校しぶりは，自分の意思を出しているととらえることもできる。チック症状がさらに悪化するようであれば，専門医への受診も考えられる（①）。

選択肢の検討

① × 様子を見て専門医への受診も考えられる。
② × うつ状態の記述はない。
③ ○
④ × アセスメント後に必要であれば行う。
⑤ × アセスメント後に考えることである。

解　答　③

【辰巳法律研究所の出口調査に基づく正答率と肢別解答率　5961人 Data】

正答率 69.4%	肢1	肢2	肢3	肢4	肢5
	17.4%	0.3%	69.4%	0.1%	12.8%

II　2つの頻出項目（出題内容）について

着 眼 点

「アセスメント→治療」という流れに沿って考えれば，最も適切なものがみつかるはずである。

①（17.4%），⑤（12.8%）を選んだ割合が比較的多いが，①はチック症状が目立つことによりその治療を優先すべきと考えた結果と思われる。同様に，⑤は読字障害と判断した結果であろう。しかし，以上のことは推測の域を出ないので，可能な限りのアセスメントをした上で，治療方針を立てる必要がある。

⑤に関して，学習障害は単一の障害ではなく，様々な状態が含まれる。「言語性 LD」「非言語性 LD」に大別されていたが，現在は用いられなくなってきている。DSM-Ⅳ-TR では学習障害（Learning Disabilities）と呼び，算数障害，読字障害，書字表出障害，特定不能の学習障害に細分されていた。DSM-5 では，限局性学習症／限局性学習障害（SLD, Specific learning disorder）と呼ぶ。DSM-Ⅳ-TR で細分していた障害は，包括され重なる病態（スペクトラム）として再定義された限局性学習障害の形態となり，読み，書き，計算という領域を示す識別語を付加して示されるものとなった。また重症度を軽度・中度・重度の3段階に評価するようになった。

2018.09-75

問 75 24歳の男性A。Aは大学在学中に自閉スペクトラム症／自閉症スペクトラム障害〈ASD〉の診断を受けた。一般就労を希望し，何社もの就職試験を受けたが採用されなかった。そこで，発達障害者支援センターに来所し，障害者として就労できる会社を紹介され勤務したが，業務上の失敗が多いため再度来所した。

この時点でのAへの支援として，不適切なものを1つ選べ。

① ジョブコーチをつける。

② 障害者職業センターを紹介する。

③ 介護給付の1つである行動援護を行う。

④ 勤務している会社にAの特性を説明する。

⑤ 訓練等給付の1つである就労移行支援を行う。

2018.09-75　　障害者の就労支援

> **問75**　24歳の男性Ａ。Ａは大学在学中に自閉スペクトラム症／自閉症スペクトラム障害
> 〈ASD〉の診断を受けた。一般就労を希望し，何社もの就職試験を受けたが採用されな
> かった。そこで，発達障害者支援センターに来所し，障害者として就労できる会社を紹介
> され勤務したが，業務上の失敗が多いため再度来所した。
> 　この時点でのＡへの支援として，<u>不適切なもの</u>を１つ選べ。
> ①　ジョブコーチをつける。
> ②　障害者職業センターを紹介する。
> ③　介護給付の１つである行動援護を行う。
> ④　勤務している会社にＡの特性を説明する。
> ⑤　訓練等給付の１つである就労移行支援を行う。

　まず，選択肢を眺めると，障害者の訓練・支援に関すること（①②），給付に
関すること（③⑤），会社への説明（④）であることがわかる。

　障害者職業センターの事業の１つに職場適応援助者（ジョブコーチ）支援事
業がある。つまり，ジョブコーチは障害者職業センターに所属している。した
がって，Ａは障害者としての就労なので①②は該当する。

　次に，厚労省による障害福祉サービス体系には介護給付と訓練等給付がある。
介護給付のなかに行動援護，訓練等給付のなかに就労移行支援があり，自閉ス
ペクトラム症は就労移行支援の対象になるが，行動援護の対象にならない。な
ぜなら，行動援護は「知的障害又は精神障害により行動上著しい困難を有する
障害者等であって常時介護を要するもの」となっているからである。自閉スペ
クトラム症は発達障害であり，行動する際の援護はとくに必要としない。

　以上のことから，⑤は適切であるが，③は不適切である。④については，会社
にＡの特性を説明することは適切である。

選択肢の検討

①　×　適切。

②　×　適切。

③　○　不適切。行動上著しい困難がないので行動援護の対象にならない。

④　×　適切。
⑤　×　適切。

【辰已法律研究所の出口調査に基づく正答率と肢別解答率　5961 人 Data】

正答率 70.8%	肢1	肢2	肢3	肢4	肢5
	1.5%	10.0%	70.8%	6.2%	11.2%

着 眼 点

　発達障害者支援センターと障害者職業センターの役割を理解しておく必要がある。

　発達障害者支援センターは，発達障害児（者）への支援を総合的に行うことを目的とした専門機関である。都道府県・指定都市自ら，または都道府県知事等が指定した社会福祉法人，特定非営利活動法人等が運営している。

　発達障害児（者）とその家族が豊かな地域生活を送れるように，保健，医療，福祉，教育，労働等の関係機関と連携し，地域における総合的な支援ネットワークを構築しながら，発達障害児（者）とその家族からの様々な相談に応じ，指導と助言を行っている。

　一方，障害者職業センターは，障害者の職業的自立を促進・支援するため，高齢・障害・求職者雇用支援機構が設置・運営する施設である。障害者雇用促進法に基づいて，職業リハビリテーションの実施・助言・援助等を行う。障害者職業総合センター・広域障害者職業センター・地域障害者職業センターの3種類がある。

　主な事業は，職業相談・職業評価，職業準備支援，職場適応援助者（ジョブコーチ）による支援，リワーク支援等である。

Ⅱ　２つの頻出項目（出題内容）について

2018.09−76

問76　19歳の女性Ａ。Ａは高校卒業後に事務職のパート勤務を始めた。もともと言語表現は苦手で他者とのコミュニケーションに困難を抱えていた。就職当初から，仕事も遅くミスも多かったことから頻繁に上司に叱責され，常に緊張を強いられるようになった。疲れがたまり不眠が出現し，会社を休みがちになった。家事はこなせており，将来は一人暮らしをしたいと思っているという。WAIS-Ⅲを実施した結果，全検査 IQ77，言語性 IQ73，動作性 IQ86。群指数は言語理解 82，知覚統合 70，作動記憶 62，処理速度 72 であった。

　　この検査結果の解釈として，正しいものを１つ選べ。
①　視覚的な短期記憶が苦手である。
②　聴覚的な短期記憶が苦手である。
③　全検査 IQ は「平均の下」である。
④　下位検査項目の値がないため判断できない。

2018.09−76　　知能検査

> **問76**　19歳の女性A。Aは高校卒業後に事務職のパート勤務を始めた。もともと言語表現は苦手で他者とのコミュニケーションに困難を抱えていた。就職当初から，仕事も遅くミスも多かったことから頻繁に上司に叱責され，常に緊張を強いられるようになった。疲れがたまり不眠が出現し，会社を休みがちになった。家事はこなせており，将来は一人暮らしをしたいと思っているという。WAIS-Ⅲを実施した結果，全検査IQ77，言語性IQ73，動作性IQ86。群指数は言語理解82，知覚統合70，作動記憶62，処理速度72であった。
>
> 　この検査結果の解釈として，正しいものを1つ選べ。
> ①　視覚的な短期記憶が苦手である。
> ②　聴覚的な短期記憶が苦手である。
> ③　全検査IQは「平均の下」である。
> ④　下位検査項目の値がないため判断できない。

　4つの選択肢は，いずれも WAIS-Ⅲ の結果の解釈に関するものであることがわかる。

　WAIS-Ⅲ の知能水準の分類によると，平均の下（80−89），境界線（70−79），精神遅滞（69以下）である。それによると，Aの WAIS-Ⅲ の結果は以下のようになる。

全検査IQ（FIQ）	77	境界線
言語性IQ（VIQ）	73	境界線
動作性IQ（PIQ）	86	平均の下
言語理解（VC）	82	平均の下
知覚統合（PO）	70	境界線
作動記憶（WM）	62	精神遅滞
処理速度（PS）	72	境界線

　したがって，全検査IQは境界線であり，③は正しくない。次に，①視覚的な短期記憶については処理速度で，②聴覚的な短期記憶については作動記憶で分かり，①と②を比較すると，①は境界線であるが②は精神遅滞の水準にあり，視覚的な短期記憶よりも聴覚的な短期記憶が苦手であるといえる。すなわち，

①は正しくなく②が正しい。なお，下位検査項目の値がなくても群指数がわかれば判断できるので，④は正しくない。

選択肢の検討

①　×　視覚的な短期記憶は聴覚的な短期記憶の水準より高い。

②　○

③　×　「平均の下」ではなく境界線である。

④　×　群指数がわかれば判断できる。

解　答　　②

【辰巳法律研究所の出口調査に基づく正答率と肢別解答率　5961人 Data】

正答率 58.3%	肢1	肢2	肢3	肢4
	5.8%	58.3%	26.2%	9.3%

着 眼 点

②（58.3%）に次いで③（26.2%）を選んだ割合が，意外と高かった。

知能指数は IQ100 を中心として，山型（ベルカーブ）の正規分布曲線になっている。これは，IQ の平均値が 100 で，IQ85～115 の間に約 68%の人が収まり，IQ70～130 の間に約 95%の人が収まることを示している。

一般的に，標準偏差2つ分（2SD）以上平均値から乖離している場合は，異常値とされる。田中ビネー知能検査の標準偏差は 16 なので，IQ68 以下が，またウェクスラー式の標準偏差は 15 なので，IQ70 以下が異常値（精神遅滞）ということになる。

このように知能指数の分布は平均値の周辺に集中しており，これを基にして知能が平均より優れているか，劣っているかという判断が可能であり，知能指数，知能偏差値の区分がなされている。

Ⅱ　２つの頻出項目（出題内容）について

問70　15歳の女子Ａ，中学３年生。８歳で発達障害と診断されたが，Ａの保護者はその診断を受け入れられず，その後Ａを通院させていなかった。Ａはクラスメイトとのトラブルが続き，半年前から学校への行きしぶりが続いている。Ａの保護者は，学校のＡに対する対応に不満を持ち，担任教師Ｂに協力的な姿勢ではなかった。Ｂの依頼を受けた公認心理師であるスクールカウンセラーが介入することになった。

　　Ａ，Ａの保護者及びＢに対する支援として，不適切なものを１つ選べ。

① 　Ａに適した指導案をＢに指示する。

② 　学校に対するＡの保護者の気持ちを受けとめる。

③ 　学校全体で対応する視点を持つようにＢに助言する。

④ 　Ａの保護者とＢに一般的な発達障害の特性について説明する。

⑤ 　Ａの保護者にＡの医療機関への受診を検討するように勧める。

2018.12-70　　発達障害

問70　15歳の女子Ａ，中学３年生。8歳で発達障害と診断されたが，Ａの保護者はその診断を受け入れられず，その後Ａを通院させていなかった。Ａはクラスメイトとのトラブルが続き，半年前から学校への行きしぶりが続いている。Ａの保護者は，学校のＡに対する対応に不満を持ち，担任教師Ｂに協力的な姿勢ではなかった。Ｂの依頼を受けた公認心理師であるスクールカウンセラーが介入することになった。
　　Ａ，Ａの保護者及びＢに対する支援として，不適切なものを１つ選べ。
① 　Ａに適した指導案をＢに指示する。
② 　学校に対するＡの保護者の気持ちを受けとめる。
③ 　学校全体で対応する視点を持つようにＢに助言する。
④ 　Ａの保護者とＢに一般的な発達障害の特性について説明する。
⑤ 　Ａの保護者にＡの医療機関への受診を検討するように勧める。

　まず，選択肢を眺めると，担任教師に対する働きかけ（①③④）と保護者に対する働きかけ（②④⑤）に分けることができる。

　共通する④は，保護者と担任教師にＡに対する理解を深めてもらうための説明であり適切である。保護者への働きかけの②は，カウンセリングにおける受容的態度であり適切である。同じく⑤は，保護者としては抵抗があるかもしれないが，治療方針を立てる上で医学的診断は必要なことなので，受診を検討するように勧めることは適切である。

　担任教師への働きかけについては，スクールカウンセラーの業務から考える必要がある。

　③は担任教師に対するコンサルテーションであり，学校全体で対応する視点を持つことは必要なので適切である。①の指導案の指示は，業務にないので不適切である。

　以上のことから，正解は①である。

選択肢の検討

①　○　不適切。スクールカウンセラーの業務ではない。
②　×　適切。
③　×　適切。

④　×　適切。

⑤　×　適切。

【辰巳法律研究所の出口調査に基づく正答率と肢別解答率　144人Data】

正答率 79.2%	肢1	肢2	肢3	肢4	肢5
	79.2%	0.7%	0.7%	2.1%	16.7%

着 眼 点

　⑤を不適切とした割合（16.7%）は，意外と多かった。これは，「8歳で発達障害と診断されたが，Aの保護者はその診断を受け入れられず，その後Aを通院させていなかった」という記述があることが影響したと思われる。しかし，受診してからもう何年も経っているので，最新の医学的診断は必要である。これと心理診断を合わせて今後の治療方針を立てることが可能である。

　スクールカウンセラーの業務は，以下のように多岐に渡る。

　⑴　面接相談1－カウンセリング

　　a　生徒のカウンセリング

　　b　保護者のカウンセリング

　　c　教職員のカウンセリング

　⑵　面接相談2－コンサルテーション

　⑶　協議－カンファレンス

　⑷　研修・講話

　⑸　査定，診断（見立て），調査

　⑹　予防的対応

　⑺　危機対応，危機管理（risk-management）

出典：文部科学省　5スクールカウンセラーの業務

Ⅱ　2つの頻出項目（出題内容）について

2018.12－138

問138　4歳の男児A，幼稚園児。2歳頃，単語が話せない，他児への興味を示さない及び視線が合いにくいという症状のため受診したがその後通院はしていない。数字が大好きで数字用のノートを持ち歩くなど，自分なりのこだわりがある。状況の変化には混乱して泣いたりすることが多いが，親が事前に丁寧に説明するなどの対応をとることで，Aも泣かずに我慢できる場面が増えてきた。

　公認心理師がAの支援をするにあたって，担当の幼稚園教諭からのAの適応状況に関する情報収集とAの行動観察に加え，Aに実施する心理検査として，最も適切なものを1つ選べ。

① HDS-R
② WISC-Ⅳ
③ 田中ビネー知能検査
④ DN-CAS 認知評価システム
⑤ ベンダー・ゲシュタルト検査

2018.12−138　　自閉性障害

問138　4歳の男児A，幼稚園児。2歳頃，単語が話せない，他児への興味を示さない及び視線が合いにくいという症状のため受診したがその後通院はしていない。数字が大好きで数字用のノートを持ち歩くなど，自分なりのこだわりがある。状況の変化には混乱して泣いたりすることが多いが，親が事前に丁寧に説明するなどの対応をとることで，Aも泣かずに我慢できる場面が増えてきた。
　　公認心理師がAの支援をするにあたって，担当の幼稚園教諭からのAの適応状況に関する情報収集とAの行動観察に加え，Aに実施する心理検査として，最も適切なものを1つ選べ。
① HDS-R
② WISC-Ⅳ
③ 田中ビネー知能検査
④ DN-CAS 認知評価システム
⑤ ベンダー・ゲシュタルト検査

　心理検査の知識を問う問題である。Aは2歳頃に言葉の遅れがあり，他児への興味を示さなかったことから，自閉性障害が疑われる。4歳になった現在は，数字へのこだわりや状況の変化による混乱が見られるが，事前の丁寧な説明によってだいぶ改善されている。このようなAの支援を考えるには，Aの現在の発達状況の特徴をとらえる必要がある。そのためには，発達検査や知能検査の実施が肝要である。

　①は長谷川式簡易知能評価スケールで，認知症の診断に使われることから適切でない。⑤は「視覚・運動成熟度」の評価や発達障害のスクリーニング，神経機能や脳障害の評価に用いられるので適切でない。

　②③④は知能検査・発達検査であり，②は知能を診断的にとらえることができ，④は4つの認知機能の側面から子どもの発達の様子をとらえることができる。しかし，いずれも5歳以上が対象なので，4歳のAは対象外である。残る③はアセスメントシートの活用により発達年齢や認知特性を把握でき，対象は2歳からである。

　以上のことから，②④は適切でなく，③が最も適切である。

選択肢の検討

①　×　認知症の診断に使われる。

②　×　5歳0か月以上が対象である。

③　○

④　×　5歳以上が対象である。

⑤　×　神経機能や脳障害の評価に用いられる。

解　答　　③

【辰已法律研究所の出口調査に基づく正答率と肢別解答率　144人Data】

正答率 67.4%	肢1	肢2	肢3	肢4	肢5
	2.8%	16.7%	67.4%	10.4%	2.1%

着 眼 点

　③（67.4%）の次に選んだ割合が多かったのは②（16.7%）である。知能を診断的にとらえることができるということで選択されたのであるが，心理検査は用途とともに対象年齢を押さえておく必要がある。

　心理検査の関連事例として，2018.09－137がある。ここでは田中ビネー知能検査ⅤよりWAIS-Ⅲのほうがより適切であるとしている。それは対象が成人であり，言語性の能力と動作性の能力がアンバランスであることが疑われるからである。

Ⅱ　2つの頻出項目（出題内容）について

2018.12-143

問143 9歳の男児A，小学3年生。Aは，入学時から学校で落ち着きがない様子が見られた。担任教師がサポートしながら学校生活を送っていたが，学年が進むとささいなことで感情が高ぶったり教室の中で暴れたりするようになった。Aの学業成績はクラスの中で平均的であった。スクールカウンセラーとAの母親が継続面談を行い，Aには個別の指導が必要であると判断した。
　　Aが利用する機関として，最も適切なものを1つ選べ。
① 児童相談所
② 教育支援センター
③ 児童自立支援施設
④ 児童家庭支援センター
⑤ 通級指導教室（通級による指導）

2018.12−143　**通級**

> 問143　9歳の男児A，小学3年生。Aは，入学時から学校で落ち着きがない様子が見られた。担任教師がサポートしながら学校生活を送っていたが，学年が進むとささいなことで感情が高ぶったり教室の中で暴れたりするようになった。Aの学業成績はクラスの中で平均的であった。スクールカウンセラーとAの母親が継続面談を行い，Aには個別の指導が必要であると判断した。
> 　Aが利用する機関として，最も適切なものを1つ選べ。
> ①　児童相談所
> ②　教育支援センター
> ③　児童自立支援施設
> ④　児童家庭支援センター
> ⑤　通級指導教室（通級による指導）

　まず，選択肢を眺めると，福祉関係の機関（①③④）と教育関係の機関（②⑤）に分けることができる。Aは落ち着きがなく，感情のコントロールができにくいことから，ADHD（注意欠如・多動症または注意欠如・多動性障害）が疑われる。

　福祉関係の機関①児童相談所は，18歳未満の児童のあらゆる相談に応じており，ADHDなど発達障害の子どもに対しては集団遊戯療法や個別の遊戯療法を行うことがある。したがって，希望があればAに対しても関わることが可能である。③児童自立支援施設は，非行や家庭環境等により生活指導を要する児童を入所させ，自立を支援することを目的とした施設である。Aに非行歴はないので適切でない。④児童家庭支援センターは，子ども，家庭，地域住民等からの相談に応じ，必要な助言，指導を行い，また，児童相談所，児童福祉施設等，関係する機関の連絡調整も行う施設である。したがって，適切でない。

　教育関係の機関②教育支援センターは，不登校児童生徒の社会的自立を目的に設置されたものである。Aは不登校の状態にはないので，適切でない。⑤通級指導教室は，小中学校の通常の学級に在籍している軽度の障害のある児童生徒に対して，障害に応じた特別の指導を特別の指導の場で行う指導形態である。Aの様子から判断して，⑤は最も適切である。

選択肢の検討

① ×　利用は可能であるが最も適切とはいえない。
② ×　不登校児童生徒のために設置されたものである。
③ ×　非行等により生活指導を要する児童が入所する施設である。
④ ×　子ども，家庭，地域住民からの相談に応じる施設である。
⑤ ○

解　答　　⑤

【辰已法律研究所の出口調査に基づく正答率と肢別解答率　144人 Data】

正答率 63.9%	肢1	肢2	肢3	肢4	肢5
	6.9%	25.0%	0.7%	2.8%	63.9%

着眼点

　⑤を選んだ割合（63.9%）に次いで多かったのは②（25.0%）である。学校の現場で困っているということなので，教育支援センターが選ばれたのであろう。これは，不登校の相談，指導に携わる適応指導教室として 1990 年に始まり，2003 年から正式名称を教育支援センターとした。ここに通った日数は，在籍校の出席日数として扱われる。

2019.08-61

問61　2歳2か月の男児A。Aの保護者は，Aの言葉の遅れと，視線の合いにくさが気になり，市の相談室に来室した。現時点では，特に家庭での対応に困ることはないが，同年代の他の子どもと比べると，Aの発達が遅れているのではないかと心配している。また，どこに行っても母親から離れようとしないことも，気にかかるという。

　　Aの保護者からの情報とAの行動観察に加え，公認心理師である相談員がAに実施するテストバッテリーに含める心理検査として，最も適切なものを1つ選べ。

① WPPSI-Ⅲ
② CAARS 日本語版
③ 新版K式発達検査
④ 日本語版 KABC-Ⅱ
⑤ S-M社会生活能力検査

2019.08−61　テストバッテリー

問61　2歳2か月の男児A。Aの保護者は，Aの言葉の遅れと，視線の合いにくさが気になり，市の相談室に来室した。現時点では，特に家庭での対応に困ることはないが，同年代の他の子どもと比べると，Aの発達が遅れているのではないかと心配している。また，どこに行っても母親から離れようとしないことも，気にかかるという。
　　Aの保護者からの情報とAの行動観察に加え，公認心理師である相談員がAに実施するテストバッテリーに含める心理検査として，最も適切なものを1つ選べ。
① WPPSI-Ⅲ
② CAARS 日本語版
③ 新版K式発達検査
④ 日本語版 KABC-Ⅱ
⑤ S-M社会生活能力検査

　まず，選択肢を眺めると，すべて心理検査名である。ここでは心理検査の用途はもちろんのこと，適用範囲まで知らないと最も適切なものを選ぶのは難しい。

　事例を読むと，Aは言葉の遅れが目立つが，全般的な発達の遅れが疑われる。また，視線が合いにくい，母親から離れようとしないといった対人関係にも気になるところがみられる。そこで，全般的な発達のチェックが必要である。そのためには，知能検査，発達検査が有効である。したがって，①③④が該当する。

　①は2017年に発行されたウェクスラー式知能検査幼児用であり，適用範囲は2歳6か月〜7歳3か月である。④は認知処理能力だけでなく基礎的学力を測定できる検査で，適用年齢は2歳6か月〜18歳11か月である。Aは2歳2か月なので，①④は適用範囲外である。残る③は，子どもの心身の発達の度合いを調べ，それを療育などの子どもの発達支援に役立てるための検査であり，適用年齢は0歳〜成人までである。したがって，③は適切である。

　②⑤については，②はConners 3の著者によるADHDの成人用（18歳以上）の検査である。⑤は身辺自立など6つの社会生活能力領域から構成されている（適用範囲は乳幼児〜中学生）。以上のことから，②⑤は適切でない。

選択肢の検討

① × 適用年齢ではない。
② × ADHDの成人用検査である。
③ ○
④ × 適用年齢ではない。
⑤ × 社会生活能力検査である。

解 答 ③

【辰已法律研究所の出口調査に基づく正答率と肢別解答率 2121人Data】

正答率 78.8%	肢1	肢2	肢3	肢4	肢5
	9.1%	4.2%	78.8%	6.5%	0.9%

着眼点

　K式発達検査は，1951年に京都市児童院で開発された発達検査である。1980年に「新版K式発達検査」が刊行されたときの適用年齢は0歳～10歳だったが，改訂を重ねながら適用年齢も拡張され，2001年に刊行された「新版K式発達検査2001」では0歳～成人までに拡張された。

　発達検査は知能検査と異なり，乳児を対象とすることができる。身体や社会性を含めた幅広い領域を評価しており，発達検査の結果は，発達水準を年齢で示した発達年齢（DA）と実際の年齢（CA）の比である発達指数（DQ＝DA／CA×100）によって表される。

Ⅱ 2つの頻出項目（出題内容）について

問 69　17歳の男子Ａ，高校２年生。Ａは，無遅刻無欠席で，いつもきちんとした身なりをしており，真面目と評されていた。ところが，先日，クラスメイトの女子Ｂの自宅を突然訪ね，「デートに誘っても，いつも『今日は用事があるから，今度またね』と言っているけれど，その今度はいつなんだ」と，Ｂに対して激昂して大声で怒鳴りつけた。この経緯を知ったＡの両親がＡの心理を理解したいとＡを連れて心理相談室を訪ねてきた。

　　Ａの心理特性について見立てるためのテストバッテリーに加えるものとして，最も適切なものを１つ選べ。

① 　AQ-J
② 　MPI
③ 　SDS
④ 　STAI
⑤ 　TEG

2019.08-69　テストバッテリー

問69　17歳の男子A，高校2年生。Aは，無遅刻無欠席で，いつもきちんとした身なりをしており，真面目と評されていた。ところが，先日，クラスメイトの女子Bの自宅を突然訪ね，「デートに誘っても，いつも『今日は用事があるから，今度またね』と言っているけれど，その今度はいつなんだ」と，Bに対して激昂して大声で怒鳴りつけた。この経緯を知ったAの両親がAの心理を理解したいとAを連れて心理相談室を訪ねてきた。

　　Aの心理特性について見立てるためのテストバッテリーに加えるものとして，最も適切なものを1つ選べ。

① AQ-J
② MPI
③ SDS
④ STAI
⑤ TEG

　まず，選択肢を眺めると，すべて心理検査なので，何を意味しているか分からないと難しい問題である。

　AはBをデートに誘っていたが，Bは体よく断っていた。しかし，Aは額面通りに受け取っていたのである。Aは真面目と評されているし，KY（空気読めない）という性格的な問題が考えられる。そうであれば，Aの心理特性を理解するために必要なのは性格検査である。

　一方，単に性格の問題ということではなく，Aは他人の気持ちを察知する能力に欠けていることも考えられる。すなわち，自閉症スペクトラム障害が疑われるということである。そうであれば，それに適した心理検査を選ぶ必要がある。

　次に，①～⑤の心理検査のうち，性格検査は②モーズレイ性格検査と⑤東大式エゴグラムである。一方，自閉症スペクトラム障害については，①自閉症スペクトラム指数日本版がある。残りの③はうつ性自己評価尺度，④は状態・特性不安検査なので，いずれも除外される。

　結論的に言うと，AのBへの行動から性格の問題というより自閉症スペクトラム障害と判断すべきである。したがって，①が適切である。

選択肢の検討

①　○
②　×　モーズレイ性格検査である。
③　×　うつ性自己評価尺度である。
④　×　状態・特性不安尺度である。
⑤　×　東大式エゴグラムである。

解　答　　①

【辰已法律研究所の出口調査に基づく正答率と肢別解答率　2121人Data】

正答率 32.5%	肢1	肢2	肢3	肢4	肢5
	32.5%	33.9%	5.4%	9.0%	18.9%

着　眼　点

　本事例問題のポイントは二つあり，一つはＡの行動が性格に起因する問題か発達障害によるものなのかを判断することである。もう一つは，それに適した心理検査を選ぶことである。逆に言えば，どの心理検査を選んだかを見れば，Ａの行動を性格の問題あるいは発達障害によるものとした割合が分かるということである。

　②の割合（33.9%）が最も多く，次いで①の割合（32.5%）が多かった。僅差ではあるが，性格の問題と判断した人のほうが多く，すなわち発達障害（自閉症スペクトラム障害）に気づかなかった人が多かったことを意味する。以上のように，難問であるが出題者の意図を見抜けるかと巧妙に作られた良問ともいえる。

Ⅱ　２つの頻出項目（出題内容）について

2019.08-73

問73　8歳の男児A，小学2年生。入学当初から落ち着きがなく，授業中に立ち歩く，ちょっとしたことで怒り出すなどの行動があった。2年生になるとこのようなことが多くなり，教室から飛び出し，それを止めようとした担任教師に向かって物を投げるなどの行動が出てきた。

　　Aの行動を理解するためのスクールカウンセラーの初期対応として，<u>不適切なもの</u>を1つ選べ。

① 　Aの作文や絵を見る。

② 　Aの知能検査を実施する。

③ 　1年次の担任教師からAのことを聞く。

④ 　担任教師や友人のAへの関わりを観察する。

⑤ 　Aの家庭での様子を聞くために，保護者との面接を担任教師に提案する。

2019.08−73　　スクールカウンセリング

> 問73　8歳の男児Ａ，小学2年生。入学当初から落ち着きがなく，授業中に立ち歩く，ちょっとしたことで怒り出すなどの行動があった。2年生になるとこのようなことが多くなり，教室から飛び出し，それを止めようとした担任教師に向かって物を投げるなどの行動が出てきた。
> 　　Ａの行動を理解するためのスクールカウンセラーの初期対応として，不適切なものを1つ選べ。
> ①　Ａの作文や絵を見る。
> ②　Ａの知能検査を実施する。
> ③　1年次の担任教師からＡのことを聞く。
> ④　担任教師や友人のＡへの関わりを観察する。
> ⑤　Ａの家庭での様子を聞くために，保護者との面接を担任教師に提案する。

　まず，選択肢を眺めると，担任教師や保護者から話を聞いたり，観察するなどがほとんどで，Ａに直接働きかけるのは「②Ａの知能検査を実施する」のみである。

　Ａは多動性・衝動性から，ADHD（注意欠如・多動症）が疑われる。その特徴をとらえるために，「①Ａの作文や絵を見る」は適切である。文章が書けない，絵を描いても形にならないといったことが見られるかもしれない。⑤の家庭での様子が，学校での様子と同じなのかを知ることは必要である。保護者と面接すれば，生育歴も聞くことができ適切な対応である。その他の情報として，③の1年次の様子を聞くことや，「④担任教師や友人のＡへの関わりを観察する」ことも必要である。以上のことから，①③④⑤は適切な対応である。

　Ａのように多動で怒りっぽく，自分の要求を阻止されると攻撃的になる子どもの場合，じっと座らせて検査を行うことは困難である。したがって，「②Ａの知能検査を実施する」は不適切である。一般的にADHDの診断は，医師が診断基準に沿って問診し，さらに行動観察を行って，総合的に判断する。

選択肢の検討

① × 適切。作文や絵を見ることは適切である。

② ○ 不適切。

③ × 適切。1年次の様子を聞くことは適切である。

④ × 適切。担任教師や友人の関わりを観察することは必要なことである。

⑤ × 適切。保護者との面接は必要なことである。

解　答　　②

【辰已法律研究所の出口調査に基づく正答率と肢別解答率　2121人Data】

正答率 82.6%	肢1	肢2	肢3	肢4	肢5
	7.4%	82.6%	1.3%	2.6%	6.0%

着　眼　点

　ADHDに関する似たような事例が出題されている（2018.12-143参照）。

　ADHDが反抗挑戦性障害（ODD）を併存する場合は稀ではないといわれている。また，行為障害（CD）へと進展してしまうこともあるため，「ADHD→ODD→CD」の流れはDBDマーチ（破壊的行動障害の行進）と呼ばれる。したがって，ADHDの子どもにおいては，反抗挑戦性障害の有無を早めに発見し，適切な対応をすることが非常に重要であると考えられている。

Ⅱ　2つの頻出項目（出題内容）について

2020.12-72

問72　8歳の男児A，小学2年生。授業についていけないという保護者からの主訴で，児童精神科クリニックを受診した。家庭生活では問題なく，勉強も家で教えればできるとのことであった。田中ビネー知能検査では IQ69，Vineland-Ⅱでは，各下位領域のv評価点は9～11であった。

　　Aの評価として，最も適切なものを1つ選べ。

① 知的機能が低く，適応行動の評価点も低いため，知的能力障害の可能性が高い。

② 知的機能は低いが，適応行動の評価点は平均的であるため，知的能力障害の可能性は低い。

③ 保護者によると，家庭生活では問題ないとのことであるが，授業についていけないため，学習障害の可能性が高い。

④ 保護者によると，勉強も家で教えればできるとのことであるが，授業についていけないため，学校の教授法に問題がある可能性が高い。

2020.12−72　知能検査と適応行動尺度

> 問72　8歳の男児A，小学2年生。授業についていけないという保護者からの主訴で，児童精神科クリニックを受診した。家庭生活では問題なく，勉強も家で教えればできるとのことであった。田中ビネー知能検査ではIQ69，Vineland-Ⅱでは，各下位領域のⅴ評価点は9〜11であった。
> 　　Aの評価として，最も適切なものを1つ選べ。
> ①　知的機能が低く，適応行動の評価点も低いため，知的能力障害の可能性が高い。
> ②　知的機能は低いが，適応行動の評価点は平均的であるため，知的能力障害の可能性は低い。
> ③　保護者によると，家庭生活では問題ないとのことであるが，授業についていけないため，学習障害の可能性が高い。
> ④　保護者によると，勉強も家で教えればできるとのことであるが，授業についていけないため，学校の教授法に問題がある可能性が高い。

　まず，選択肢を眺めると，①知的能力障害の可能性が高いこと，②知的能力障害の可能性が低いこと，③学習障害の可能性が高いこと，④学校の教授法に問題がある可能性が高いこと，とまとめられ，①と②は正反対であることが分かる。

　事例を読むと。田中ビネー知能検査とVineland-Ⅱが実施されている。前者は，IQ68以下が知的障害と判定される。後者は適応行動尺度であり，ⅴ評価点は平均15（標準偏差3）である。Aの数字を見ると，IQ69なのでほぼ知的障害と判断される。適応行動尺度は，9〜11なので平均以下である。したがって，①と②では①が適切であり②は誤りである。

　授業についていけないことは，知能に遅れがなければ学習障害の可能性が高いが，知能に遅れがあるので③は誤りである。家でのマンツーマン指導であればできるのであるが，学校は一斉指導なので授業についていけないのである。したがって，学校の教授法に問題があるわけではないので④は誤りである。

選択肢の検討

① ○
② × 適応行動の評価点は平均以下である。
③ × 知能に遅れがあるので学習障害とは言えない。
④ × 学校の教授法に問題があるとは言えない。

解　答　①

【辰巳法律研究所の出口調査に基づく正答率と肢別解答率　1703 人 Data】

正答率 45.1%	肢1	肢2	肢3	肢4
	45.1%	43.4%	9.6%	1.7%

着 眼 点

　本事例問題の選択肢を選んだ割合は，①45.1%，②43.4%と拮抗している。これは，Vineland-Ⅱがひっかけ問題になっているからである。すなわち，ⅴ評価点の平均が 10 ではなく 15 だからである。普通は平均を 10 と考えるので，その場合は適応行動の評価点を平均的と捉えることになる。しかし，それでも知的機能が低ければ，「知的能力障害の可能性は低い」とはならないので，ひっかけ問題にはなっていないのである。

　「知的機能は低くないが，適応行動の平均点は低い」というときは，学習障害の可能性がある。この場合は，知能そのものより脳の働きに障害があるとされる。

Ⅱ　2つの頻出項目（出題内容）について

2020.12−150

問150　9歳の男児A，小学3年生。Aは，注意欠如多動症／注意欠如多動性障害〈AD/HD〉と診断され，服薬している。Aは，待つことが苦手で順番を守れない。課題が終わった順に担任教師Bに採点をしてもらう際，Aは列に並ばず横から入ってしまった。Bやクラスメイトから注意されると「どうせ俺なんて」と言ってふさぎ込んだり，かんしゃくを起こしたりするようになった。Bは何回もAを指導したが一向に改善せず，対応に困り，公認心理師であるスクールカウンセラーCに相談した。

　　　CがBにまず伝えることとして，最も適切なものを1つ選べ。

① 　学級での環境調整の具体案を伝える。

② 　Aに自分の行動を反省させる必要があると伝える。

③ 　Aがルールを守ることができるようになるまで繰り返し指導する必要があると伝える。

④ 　Aの年齢を考えると，この種の行動は自然に収まるので，特別な対応はせず，見守るのがよいと伝える。

2020.12−150　　注意欠如多動性障害〈AD/HD〉

問150　9歳の男児A，小学3年生。Aは，注意欠如多動症／注意欠如多動性障害〈AD/HD〉と診断され，服薬している。Aは，待つことが苦手で順番を守れない。課題が終わった順に担任教師Bに採点をしてもらう際，Aは列に並ばず横から入ってしまった。Bやクラスメイトから注意されると「どうせ俺なんて」と言ってふさぎ込んだり，かんしゃくを起こしたりするようになった。Bは何回もAを指導したが一向に改善せず，対応に困り，公認心理師であるスクールカウンセラーCに相談した。
　　CがBにまず伝えることとして，最も適切なものを1つ選べ。
① 学級での環境調整の具体案を伝える。
② Aに自分の行動を反省させる必要があると伝える。
③ Aがルールを守ることができるようになるまで繰り返し指導する必要があると伝える。
④ Aの年齢を考えると，この種の行動は自然に収まるので，特別な対応はせず，見守るのがよいと伝える。

　まず，選択肢を眺めると，①環境調整を伝える，②反省させる，③繰り返し指導する，④見守る，と簡略化することができる。

　事例を読むと，注意欠如多動性障害の小学3年生が，順番を守れないで担任教師やクラスメイトから注意されると，ふさぎ込んだり，かんしゃくを起こしたりする。担任教師は何回も指導したが一向に改善されず，対応に困っているという相談であることが分かる。今時，AD/HDの特徴をしらない教師がいることに驚きである。待つことが苦手な子どもに，注意して指導するやり方を何回も行うことは適切ではない，ということを念頭に置く必要がある。②の反省させれば，益々ふさぎ込んだり，かんしゃくを起こしたりするようになってしまうので，②は適切でない。③のルールが守れるように繰り返し指導するのは，これまでと似たようなやり方で効果は期待できないので，③は適切でない。④の特別な対応はせず，見守るのでは，改善されるとは思えないので，④は適切でない。

　したがって，順番を待たないで済むような採点の方法を変えるなど環境調整を行うことで，Aの行動を改善することが可能であり，①が適切である。以上のことから，正解は①である。

選択肢の検討

① ○
② × 反省させることで益々事態を悪化させてしまう恐れがある。
③ × これまでと似たようなやり方では効果は期待できない。
④ × 見守るだけでは改善されるとは思えない。

解　答　　①

【辰巳法律研究所の出口調査に基づく正答率と肢別解答率　1703人 Data】

正答率 93.4%	肢1	肢2	肢3	肢4
	93.4%	1.0%	5.2%	0.4%

着 眼 点

　AD/HD の特徴が理解できていれば，比較的易しい問題である。類似問題として，2019.08－73 が挙げられる。

　2018.12－70 の【着眼点】にスクールカウンセラーの業務が書かれているが，本事例問題はそのうちのコンサルテーションに関することである。コンサルテーションとは，特定のケースについて，その見方，取り扱い方，関わり方などを検討し，適格なコメントや助言などを行うことで，何らかのコメントや意見などを提示するので，カウンセリングよりも指示的な意味合いが強いといえる。

Ⅱ　2つの頻出項目（出題内容）について

2020.12−153

問153 14歳の男子A，中学2年生。Aについて担任教師Bがスクールカウンセラーである公認心理師Cに相談した。Bによれば，Aは小学校から自閉スペクトラム症／自閉症スペクトラム障害〈ASD〉の診断を受けているとの引継ぎがあり，通級指導も受けている。最近，授業中にAが同じ質問をしつこく何度も繰り返すことや，寝ているAを起こそうとしたクラスメイトに殴りかかることが数回あり，Bはこのままでは Aがいじめの標的になるのではないか，と危惧している。

　　Cの対応として適切なものを2つ選べ。

① 保護者の了解を得て主治医と連携する。

② 周囲とのトラブルや孤立経験を通して，Aに正しい行動を考えさせる。

③ Aから不快な言動を受けた子どもに，発達障害の特徴を伝え，我慢するように指導する。

④ Aの指導に関わる教師たちに，Aの行動は障害特性によるものであることを説明し，理解を促す。

⑤ 衝動的で乱暴な行動は過去のいじめのフラッシュバックと考え，過去のことは忘れるようにAに助言する。

2020.12-153　自閉症スペクトラム障害

> 問153　14歳の男子A，中学2年生。Aについて担任教師Bがスクールカウンセラーである公認心理師Cに相談した。Bによれば，Aは小学校から自閉スペクトラム症／自閉症スペクトラム障害〈ASD〉の診断を受けているとの引継ぎがあり，通級指導も受けている。最近，授業中にAが同じ質問をしつこく何度も繰り返すことや，寝ているAを起こそうとしたクラスメイトに殴りかかることが数回あり，Bはこのままでは Aがいじめの標的になるのではないか，と危惧している。
> 　　Cの対応として適切なものを2つ選べ。
> ①　保護者の了解を得て主治医と連携する。
> ②　周囲とのトラブルや孤立経験を通して，Aに正しい行動を考えさせる。
> ③　Aから不快な言動を受けた子どもに，発達障害の特徴を伝え，我慢するように指導する。
> ④　Aの指導に関わる教師たちに，Aの行動は障害特性によるものであることを説明し，理解を促す。
> ⑤　衝動的で乱暴な行動は過去のいじめのフラッシュバックと考え，過去のことは忘れるようにAに助言する。

　まず，選択肢を眺めると，①主治医と連携する，②正しい行動を考えさせる，③我慢するように指導する，④理解を促す，⑤過去のことは忘れる，と簡略化できる。

　①については，Aは自閉症スペクトラム障害と診断されているので，診断した医師（主治医）と連携することは必要なことなので，①は適切である。②については，トラブルや孤立はできるだけ経験させないほうがいいし，正しい行動を考えるのは苦手なことなので，②は適切でない。③については，周りの子どもに発達障害の特徴を伝えるのはいいが，単に我慢させるような指導では不満が鬱積してしまうので，③は適切でない。④については，指導に関わる教師たちに障害特性を説明し，理解を促すのは必要なことなので，④は適切である。

　⑤については，過去のいじめのフラッシュバックがあったとしても，忘れようとしても忘れられることではないので，⑤は適切でない。

　以上のことから，①と④が適切である。

選択肢の検討

① ○
② ×　トラブルや孤立は経験させないほうがいい。
③ ×　我慢させるだけの指導では不満が生じてしまう。
④ ○
⑤ ×　過去のことを忘れるように助言しても簡単なことではない。

解　答　　①，④

【辰巳法律研究所の出口調査に基づく正答率と肢別解答率　1703人 Data】

正答率 93.8%	解答欄	肢1	肢2	肢3	肢4	肢5
	No.172	95.8%	3.4%	0.4%	0.3%	0.0%
	No.173	0.3%	1.8%	0.4%	97.4%	0.1%

着 眼 点

　普通学級で不適応を起こしている自閉症スペクトラム障害の中学2年生のことである。通級指導も受けているということなので，そこでの様子はどうなのかを知りたいと感じたが，それ以上の記述はないし，選択肢にも出てこない。なお，通級指導教室が選択肢にあるのが，2018.12－143である。

　通級指導というのは，「子どもの自立を目指し，障害による困難を改善・克服するため，一人一人の状況に応じた指導を行うものである」。したがって，担任教師にとって主治医との連携もいいが，通級指導の担当教員との連携がより必要と思われる。

出典：文部科学省　初めて通級による指導を担当する教師のためのガイド

山口勝己　監著

大阪教育大学大学院教育学研究科修士課程修了
元創価大学教育学部教授（大学院文学研究科教育学専攻臨床心理学専修教授兼務）
・心理教育相談室長（2010〜2013）
（主著）子ども理解と発達臨床（単著）　北大路書房　2007
　　　　子どもと大人のための臨床心理学（共著）　北大路書房　2012
　　　　心理学概論　山口勝己・田村修一共著　創価大学通信教育部　2014
　　　　2019年対策　公認心理師試験　事例問題の解き方本　辰已法律研究所　2019
　　　　公認心理師試験　事例問題の解き方本　PartⅡ　辰已法律研究所　2020
　　　　公認心理師試験　事例問題の解き方本　PartⅢ　辰已法律研究所　2021

一般社団法人東京メディカルアンビシャス

一般社団法人東京メディカルアンビシャス（略称TMA）は，平成22年1月22日に設立された団体です。当法人は，人々の心理的支援の普及と研究開発に努めるとともに，これに携わる専門職の能力向上をはかり，その心理的サポートの維持発展に寄与することを目的とするものですが，今回の公認心理師制度の発足にあたり「現任者講習会」を実施するとともに（2018〜2021年），公認心理師試験受験生のための様々な情報提供や書籍の企画・出版活動も行っています。所在地：東京都高田馬場，URL　https://medical-ambitious.or.jp/

辰已法律研究所（たつみ・ほうりつけんきゅうじょ）

1973年創立。司法試験・予備試験・司法書士試験・行政書士試験・社会保険労務士試験など法律系国家試験の予備校として長年の実績がある上に，今回公認心理師制度のスタートにあたって，公認心理師試験分野へ進出しています。2018年より京都コムニタスと提携してWeb講座を行うほか，公認心理師試験対策全国模擬試験を実施し毎年多数の受験生が参加しています。2022年対策講座も展開中。URL　https://sinri-store.com/

公認心理師試験　事例問題の解き方本　partⅣ

令和4年3月1日　　　　　　　　初版　　第1刷発行

監著　　山口　勝己
発行者　後藤　守男
発行所　辰已法律研究所
〒169-0075
東京都新宿区高田馬場4-3-6
TEL.　03-3360-3371　（代表）
印刷・製本　壮光舎印刷　（株）

2018年	36,103名受験	28,574名合格	合格率79.1%	合格基準138点
2019年	16,949名受験	7,864名合格	合格率46.4%	合格基準138点
2020年	13,629名受験	7,282名合格	合格率53.4%	合格基準138点
2021年	21,055名受験	12,329名合格	合格率58.6%	合格基準143点

第4回公認心理師試験では、これまでの合格基準点であった138点（230点満点の6割）が143点に変更されました。何か割り切れない思いを抱かれた受験生の方もいらっしゃったと思います。そして、第5回試験に向けて、不安を抱かれた方も。

しかし、第5回試験に向けて、やるべきことは変わりません。

「合格基準は、総得点の60％程度以上を基準とし、問題の難易度で補正するという考え方を基に決定することとしている。」（日本心理研修センターホームページより）とされている試験で、確実に60％"程度"以上の得点を取るためには、勉強する段階で「7割を取れる実力」を目指すはずだからです。

恐れることはありません。いたずらに焦る必要もありません。必要な範囲の知識を・必要なレベルで且つ実践で使えるように着実に獲得していけば、60％"程度"の壁は、必ず、超えられます。

京都コムニタスでは公認心理師試験元年の2018年から、本試験で7割を超えるためのプログラムを提供し続けてきました（ https://sinri-store.com/kouza/kouza100/kouza_dvd/kouza_all/ ）

当パンフレットが紹介しているのは、【あなた自身が60％"程度"の壁を超えるためのプログラム】です。どうぞ有効にご利用いただき、断固60％"程度"の壁を超えて下さい。

頑張れGルート受験生！

2022年試験は、Gルート（現認者講習会ルート）受験者にとっては、公認心理師試験の最後のチャンスになります。Gルートの方は、このラストチャンスを・必ず・ものにしましょう！

頑張れC・D・E・Fルート受験生！

2022年試験こそ必勝を期する試験です。必死のGルート受験生に負けずに頑張りましょう！

令和4年版最新ブループリント＜ここが変わった・ここが危ない＞をもれなくPresent！

公認心理師試験出題基準・ブループリントは、本試験のいわば羅針盤。令和4年版はまだ発表されていませんが、その重要性は言を俟ちません。特に重要なのは、ブループリントが＜変わったところ＞です。ブループリントの変わったところが危ない！例年そこからの出題が多数あります。しかし、それを自分で整理するのは大変。

そこで、あなたに代わって、辰已法律研究所がこれを試験に出題されるという視点から整理して、ご希望の方にはもれなく情報提供します。下記からアクセスしてスグに簡単登録して下さい。

※情報提供は、令和4年版ブループリント発表がありその分析が終了した後となります。

https://bit.ly/3BS9kN7

Gルート・ラストチャンス
絶対合格 Gルートケアパック を設けました！

もちろんGルート以外の方でも、どなたでも当パックをご利用になれます。

Gルートケアパック❶　100時間講義と全模試6回の完璧パック

試験対策講座
**講義
全一括
100h**

2022試験対策講座
全講義100時間フル

※対策講義の詳細はP.4-6

＋

**模試6回
全一括
608問**

2022試験対策
模試6回フル
全608問

※模擬試験の詳細はP.8-9

ブループリント科目フル対応！

**聴きまくり・解きまくる
圧倒的な対策を**

Gルート［ケアパック］❶❷の申込み特典

有益な模試問題&解説を無料で進呈
特典❶過去2年分の全国模試の問題&解説
特典❷過去2年分の事例模試の問題&解説
をpdfダウンロード方式でプレゼントします。

詳細はお申込み
者に、後日お知
らせします。

講義 全100時間		模試　全6回608問		各講座 定価の 合計価格	パック割引価格	講座コード
		基本問題模試の「解説講義」にパターンが3 通りあり、価格が異なります。				
試験対策100h を Web受講	プラス	❶プレ模試1回& ❷基本問題模試2回& ❸事例模試1回& ❹全国模試2回	❷-1 解説講義DVD視聴の場合	¥236,500	¥224,700	E2057E
			❷-2 解説講義Web視聴の場合	¥234,600	¥222,900	E2056E
			❷-3 解説講義無しの場合	¥231,700	¥220,100	E2055E
試験対策100h を DVD受講	プラス	❶プレ模試1回& ❷基本問題模試2回& ❸事例模試1回& ❹全国模試2回	❷-1 解説講義DVD視聴の場合	¥261,500	¥248,400	E2060R
			❷-2 解説講義Web視聴の場合	¥259,600	¥246,600	E2059E
			❷-3 解説講義無しの場合	¥256,700	¥243,900	E2058R

※注 Gルート ケアパックには全国模試が含まれており、定員管理のため辰已法律研究所のWEBのみでのお申込みとなり、代理店の取扱いはありません。
※注 2022年版のプレ模試、基本問題模試と2020・2021試験対策版は同一内容です。

Gルートケアパック❷　100時間講義と全国模試2回のミドルパック

試験対策講座
**講義
全一括
100h**

2022試験対策講座
全講義100時間フル

＋

**全国模試
2回
308問**

2022試験対策
全国2回フル
全308問

試験対策講座 100時間一括	全国模試 2回	定価の 合計金額	パック割引価格	講座 コード
WEB受講	通学部又は 通信部 通学部の日程は p12をご参照下さい	¥212,000	¥201,400	E2063E
DVD受講		¥237,000	¥225,200	E2063R

※注 Gルート ケアパックには全国模試が含まれており、定員管理のため辰已法律研究所のWEB
のみでのお申込みとなり、代理店の取扱いはありません。

こちらもお勧め　試験対策講座100時間

試験対策講座
**講義
全一括
100h**

試験対策講義の詳細はp4-6

100時間 一括	科目別合計金額	一括割引価格		講座コード
		辰已価格	代理店価格	
WEB受講	¥295,000	¥197,500		E2013E
DVD受講	¥320,000	¥222,500	¥211,375	E2013R

※注 WEB受講については、配信管理の都合上、代理店での取扱いはありません。辰已法律研究所でのお申込み
となります(申込方法はP13)

京都コムニタス
2022公認心理師試験合格戦略

このプログラムの効果は、過去4回の試験で多くの合格者が実証しています。
INPUTと**OUTPUT**をガッチリ組み合わせた構成がきわめて効率的・効果的です。

INPUT

試験範囲**全24分野**
完全網羅

知識インプット講義
2時間
＋
講義範囲の演習問題25問
を素材とした講義2時間
これを
25コマ＝100時間

全**100**時間

×

Output

試験範囲**全24分野**
完全網羅

あらゆる角度から
万全の

全**608**問

解き切る

2022年 公認心理師試験対策講座 100時間

国試出題範囲24分野に完全対応しています。

心理査定 8h	心理的アセスメント ①②	福祉/司法/産業 12h	福祉心理学/司法・犯罪心理学/産業・組織心理学
心理学的支援法8h	心理学的支援法 ①②	概論4h	心理学・臨床心理学概論
教育/障害者8h	障害者(児)心理学 教育・学校心理学	心理学研究法4h	心理学研究法/心理学実験/心理学統計法
公認心理師法系 12h	公認心理師の職責 関係行政論 (医療)(福祉)(教育)(司法)(産業)	心理学基礎・応用領域系 28h	神経・生理心理学/人体の構造と機能及び疾病/知覚・認知心理学/学習・言語心理学/感情・人格心理学/社会・集団・家族心理学/発達心理学①②
健康・医療/精神疾患 12h	健康・医療心理学 精神疾患とその治療①②	事例対策編 4h	事例対策

※詳細はP4

2022年試験対策 Output体系

● **プレ模試 1回** 90分50問 **11/1**発送開始（会場受験無し・通信Web受験のみ）
↑スマホで申込

送付されてくる問題冊子に指定時間通り解答し、Webで解答を入力→その時点での全国受験者中の個人成績をWeb上直ちに閲覧可能です。

● **基本問題模試100問×2回** 第1回**11/1** 発送開始 第2回**11/22** 発送開始（会場受験無し・通信Web受験のみ）

送付されてくる問題冊子に指定時間通り解答し、Webで解答を入力するとその時点での全国受験者中の個人成績をWeb上直ちに閲覧可能です。解説講義付き有り。

● **事例模試1回** 100分50問 **2022/5/11**発送開始（会場受験無し・通信Web受験のみ）

送付されてくる問題冊子に指定時間通り解答し、Webで解答を入力するとその時点での全国受験者中の個人成績をWeb上直ちに閲覧可能です。

● **全国公開模試2回** ❶2022年4月中旬〜5/上旬実施 ❷2022年5月下旬〜6月中旬実施

● 会場受験：東京・大阪・京都・名古屋・福岡の各都市/本試験仕様の会場運営
● 通信受験：Web上で解答する方式 or マークシート郵送方式

※注 プレ模試、基本問題模試は基礎問題という性質上2020・2021試験対策版と同一内容です。

プレ模試
通信受験のみ
好評受付中
2021 11/1 発送開始

試験対策講座100時間

初回動画配信開始 ＆DVD発送開始日
2021.11.1～順次配信・発送

[知識インプット講義2h＋演習問題25問解説講義2h]×25コマ
合計講義100時間＆演習650問

なお、当講座においては
お手許に印刷物をお届けします。
(Pdfダウンロード方式では学習に不便なので印刷物をお手許にお届けする方式をとっています。)

❶知識インプット講義レジュメ
❷演習問題冊子＆解説書

※当講座の演習は、全て自己採点方式であり、採点の集計・個人成績表はありません。

基本問題模試
通信受験のみ
好評受付中
第1回 2021/11/1 発送開始
第2回 2021/11/22 発送開始

事例模試
通信受験のみ
好評受付中
2022 5/11 発送開始

2022公認心理師試験説明会
❶第4回公認心理師試験の総括 0.5h
❷第4回公認心理師試験の傾向と今後の対策 1h
京都コムニタス主任講師 吉山宜秀也

YouTube
11/15配信開始！
http://bit.ly/3qBZmKp

全国模試 第1回 4月/5月
◆会場受験：❶東京❷大阪❸名古屋❹福岡
※京都の会場受験は2回目のみです。1回目は通信受験か大阪会場でご受験下さい。
◆通信受験

全国模試 第2回 5月/6月
◆会場受験：❶東京❷大阪❸京都❹名古屋❺福岡
◆通信受験

公認心理師本試験 7月に実施

もちろんGルート以外の方でも、どなたでもご受講いただけます。

Gルート ケアパック❶ 講義100時間＆模試6回608問の完璧パック

講義 全100時間		模試 全6回608問		各講座定価の合計価格	バック割引価格	講座コード
			基本問題模試の「解説講義」にパターンが3通りあり、価格が異なります。			
試験対策講100h をWeb受講	プラス	❶プレ模試1回＆❷基本問題模試2回＆❸事例模試1回＆❹全国模試2回	❷-1 解説講義DVD視聴の場合	¥236,500	¥224,700	E2057E
			❷-2 解説講義Web視聴の場合	¥234,600	¥222,900	E2056E
			❷-3 解説講義無しの場合	¥231,700	¥220,100	E2055E
試験対策講100h をDVD受講	プラス	❶プレ模試1回＆❷基本問題模試2回＆❸事例模試1回＆❹全国模試2回	❷-1 解説講義DVD視聴の場合	¥261,500	¥248,400	E2060R
			❷-2 解説講義Web視聴の場合	¥259,600	¥246,600	E2059E
			❷-3 解説講義無しの場合	¥256,700	¥243,900	E2058R

※注 Gルート ケアパックには全国模試が含まれており、定員管理のため辰已法律研究所のWEBでのお申込みとなり、代理店の取扱いはありません。
※注 2022年版のプレ模試、基本問題模試と2020・2021年試験対策版は同一内容です。

Gルートケアパック❷ 講義100時間＆全国模試2回308問

試験対策講座100時間一括	全国模試2回	定価の合計金額	バック割引価格	講座コード
WEB受講	通学部又は通信部通学部の日程はp12をご参照下さい。	¥212,000	¥201,400	E2063E
DVD受講		¥237,000	¥225,200	E2063R

※注 Gルート ケアパックには全国模試が含まれており、定員管理のため辰已法律研究所のWEBでのお申込みとなり、代理店の取扱いはありません。

試験範囲 全24分野
試験対策講義100時間一括

100時間一括	科目別合計金額	一括割引価格	
		辰已価格	代理店価格
WEB受講 講座コード E2013E	¥295,000	¥197,500	
DVD受講 講座コード E2013R	¥320,000	¥222,500	¥211,375

※試験対策講座のSet申込・科目別申込はP5-6

※Web受講は動画配信システムの都合上Web上での申込に限らせて頂き代理店扱いなし

模擬試験全6回パック全608問
❶プレ模試1回 ＆ ❷基本問題模試2回 ＆
❸事例模試1回 ＆ ❹全国模試2回

基本問題模試の「解説講義」にパターンが3通りあり、価格が異なります。	定価の合計価格	バックの割引価格	講座コード
❷-1 解説講義DVD視聴	¥41,000	¥39,000	E2061R
❷-2 解説講義Web視聴	¥39,000	¥37,100	E2061E
❷-3 解説講義無しの場合	¥36,000	¥34,200	E2061T

※模試ごとの詳細は、プレ模試／事例模試 P.8、基本問題模試 P.9、全国模試 P.10 をご覧ください。

※ プレ模試、基本問題模試は基礎の性質上2020・2021年試験対策版と同一内容です。

京都コムニタス
2022公認心理師試験対策講座
Web受講又はDVD受講

試験対策講座/講義構成

講義1コマの構成です

❶知識インプット講義
2時間

過去の本試験問題を徹底分析。さらにブループリントのキーワードを中心に、その周辺知識も押さえ、分かりやすく解説します。

[講義受講]→[課題の演習]という効果的システム

まず知識をインプットする[体系講義]をじっくりと聴いて下さい。その上で、[課題の演習問題(全650問)]を指定時間内に各自で解いてみて下さい。そして演習の解説講義を聴く―これによりご自分の理解の正確性をチェックし実戦的理解を深めることができます。このユニークなシステムが「とてもよく分かるようになった」と受講生に好評です。

※課題の演習は自己採点方式です。

❷演習問題解説講義
2時間

❶の知識が本試験でどう出題されるのかを講義し、ここで知識を実戦化します。

❶+❷ × 25コマ = 合計100時間

京都コムニタスOutput体系の説明はp8

当講座コーディネーター
京都コムニタス主任講師　吉山宜秀

公認心理師・臨床心理士

臨床心理士資格試験の受験指導及び心理系大学院入試指導の経験が豊富なベテラン講師が、2018年第1回公認心理師試験対策から公認心理師試験合格支援に情熱を傾けている。

2021年合格者MOさんからのメール

　試験対策講座が非常にわかりやすく、実際に試験に出題されたので、受けてよかったと感じた。
　特に事例の解き方がわかりやすく、お陰で事例問題は8割以上取ることができた。

Web受講

Web受講はストリーミング配信による受講であり、本試験前日まで＜いつでも何度でも＞受講することができます。
プレイヤーの機能で早聞きも可能です。

なお、Web動画のダウンロード保存は出来ませんので、お手許に動画を残したい方は、DVD受講をお選び下さい。

DVD受講

対策講義のレジュメ見本

2. 心理的アセスメントの方法
2-1. 心理的アセスメントの方
心理的アセスメントの方法と
検査法の3つが挙げられる。
化面接、❸非構造化面接が
説明する。
❶構造化面接は、被面接
るために、あらかじめ
面接法である。話し
科や心療内科でう
診断基準に定めら
❷半構造化面接とは
接者の回答に対
面接の途中で
的研究などで
インテーク面
❸非構造化面接
一切行わず
に応じて
ンセリ
おり、イン

また、面接を
師の理論的立場や技
異なれば、心理的アセスメント
面接心理スタッフ

対策講義の演習問題見本

1)
心理検査の結果に関する記述のうち、正しいものを1つ選びなさい。
① 検査結果を伝える時、検査項目の内容や検査の仕組みを具体的に伝える。
② 検査結果を正確に伝えるため、記入
して渡す。
③ 被験者が

演習解説書見本

1)
正答（ ⑤ ）
【解説】
①と②の選択肢について、検査結果を伝える際には、気を付けなければならないことがある。例えば、検査の仕組みや項目の内容は、被験者やその家族に対して結果と一緒に伝えることはしてはいけない。なぜなら、検査内容の露出につながるからである。また、記入された検査用紙をコピーして渡すことも、してはいけないことである。③と④の選択肢について、検査内容の露出につながることは同様であるが、検査者が説明責任を果たすためには、検査者が検査結果を報告書としてまとめ、その報告書

4

苦手分野克服SET 弱点は絶対に残さない・徹底的にやる

人気セット
心理学未修者用セット

●心理学未修者
●他学部から臨床心理士指定大学院に進学された方などにお薦めの

【基礎・応用心理学ひとまとめ】Set

| 心理的アセスメント ①4h ②4h |
| 心理学概論／臨床心理学概論 4h |
| 知覚・認知心理学 4h |
| 感情・人格心理学 4h |
| 心理学的支援法 ①4h ②4h |
| 心理学研究法／心理学実験／心理学統計法 4h |
| 学習・言語心理学 4h |
| 社会・集団・家族心理学4h |
| 発達心理学 ①4h ②4h |
| 講義48h 演習問題300問 |

医療系科目セット

| 健康・医療心理学 4h |
| 精神疾患とその治療①4h ②4h |
| 神経・生理心理学／人体の構造と機能及び疾病 4h |
| 講義16h 演習問題100問 |

●出題比率の高い、健康・医療心理学／精神疾患とその治療及び、
●苦手な方の多い、神経生理心理学／人体の構造と機能及び疾病を組み合わせた効率重視セット

苦手を潰す
法律系科目セット

心理系大学院修了後間もない等、心理学に自信のある方にお薦め

| 公認心理師の職責 4h |
| 関係行政論①医療・福祉 4h |
| 関係行政論②教育/司法/産業 4h |
| 講義12h 演習問題85問 |

点を稼ぐ
事例系科目セット

これは便利！高配点の事例問題に出題されやすい科目を集めました。事例対策の決定版Setです。

| 教育・学校心理学 4h |
| 健康・医療心理学 4h |
| 福祉心理学 4h |
| 司法・犯罪心理学 4h |
| 産業・組織心理学 4h |
| 精神疾患とその治療①4h ②4h |
| 事例対策 4h |
| 講義32h 演習問題200問 |

※事例系科目セットと医療系科目セットの[精神疾患とその治療①4h ②4h]は同一内容です。

苦手分野克服セット		Web受講			DVD受講			
		受講料(税込)		講座コード	受講料(税込)			講座コード
		科目別合計価格	セット割引価格		科目別合計価格	セット割引価格	代理店価格	
❶心理学未修者用セット	48時間	¥141,600	¥118,600	E2014E	¥153,600	¥130,600	¥124,070	E2014R
❷医療系科目セット	16時間	¥47,200	¥39,500	E2015E	¥51,200	¥43,500	¥41,325	E2015R
❸法律系科目セット	12時間	¥35,400	¥29,600	E2016E	¥38,400	¥32,600	¥30,970	E2016R
❹事例系科目セット	32時間	¥94,400	¥79,100	E2017E	¥102,400	¥87,100	¥82,745	E2017R

Input 試験対策講座100時間 全一括申込み

100時間一括	科目別合計金額	一括割引価格		講座コード
		辰已価格	代理店価格	
WEB受講	¥295,000	¥197,500		E2013E
DVD受講	¥320,000	¥222,500	¥211,375	E2013R

試験範囲全24分野を完全制覇
「聴いて・解いて・聴く」

※試験対策講座のSet申込&科目別申込は P5/P6
※Web受講は動画配信システムの都合上Web上での申込に限らせて頂き代理店での販売はありません。

●科目別の申込も可能です。科目別受講料はp6の表をご覧下さい。

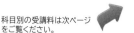
科目別の受講料は次ページをご覧ください。

※お申込は発送日の前後を問わず、随時受け付けます。　※Webでの講義受講は動画配信システム管理の都合上辰已法律研究所のWEBサイトでの申込に限らせて頂きますので代理店での販売はありません。ご注意ください。

2022公認心理師試験対策講座 **科目別申込**		コマ数	講義時間	演習問題数	収録	WEB受講		DVD受講			DVD発送 Web配信 開始日
						受講料(税込) 辰已価格	申込講座 コード	受講料(税込) 辰已価格	代理店価格	申込講座 コード	
1	心理査定 心理的アセスメント①	1	8	25	★	23,600	E2018E	25,600	24,320	E2018R	12/15(水)
2	心理的アセスメント②	1		25							
3	心理学的支援法 心理学的支援法①	2	8	50	★	23,600	E2019E	25,600	24,320	E2019R	2/15(火)
4	心理学的支援法②										
5	教育/障害者 障害者(児)心理学	1	4	25		11,800	E2020E	12,800	12,160	E2020R	11/1(月)
6	教育・学校心理学	1	4	25	★	11,800	E2021E	12,800	12,160	E2021R	1/20(木)
7	公認心理師の職責	1	4	25		11,800	E2022E	12,800	12,160	E2022R	11/1(月)
8	公認心理師法系 関係行政論①(医療・福祉)	2	8	30		23,600	E2023E	25,600	24,320	E2023R	2/15(火)
9	関係行政論② (教育・司法・産業)			30	★						
10	健康・医療/精神疾患 健康・医療心理学	1	4	25		11,800	E2024E	12,800	12,160	E2024R	11/1(月)
11	精神疾患とその治療①	2	8	50	★	23,600	E2025E	25,600	24,320	E2025R	2/15(火)
12	精神疾患とその治療②										
13	福祉/司法/産業 福祉心理学	1	4	25		11,800	E2026E	12,800	12,160	E2026R	2/15(火)
14	司法・犯罪心理学	1	4	25		11,800	E2027E	12,800	12,160	E2027R	11/1(月)
15	産業・組織心理学	1	4	25		11,800	E2028E	12,800	12,160	E2028R	11/1(月)
16	事例対策 事例対策	1	4	40	★	11,800	E2029E	12,800	12,160	E2029R	2/15(火)
17	心理学/臨床心理学概論 心理学概論/臨床心理学概論	1	4	25		11,800	E2030E	12,800	12,160	E2030R	11/1(月)
18	心理学研究法系 心理学研究法/心理学実験心理学統計法	1	4	25		11,800	E2031E	12,800	12,160	E2031R	11/1(月)
19	神経・生理心理学/人体の構造と機能及び疾病	1	4	25		11,800	E2032E	12,800	12,160	E2032R	2/15(火)
20	知覚・認知心理学	1	4	25		11,800	E2033E	12,800	12,160	E2033R	11/1(月)
21	心理学基礎/応用領域系 学習・言語心理学	1	4	25		11,800	E2034E	12,800	12,160	E2034R	12/15(水)
22	感情・人格心理学	1	4	25		11,800	E2035E	12,800	12,160	E2035R	11/1(月)
23	社会・集団・家族心理学	1	4	25	★	11,800	E2036E	12,800	12,160	E2036R	12/15(水)
24	発達心理学①	2	8	50	★	23,600	E2037E	25,600	24,320	E2037R	1/20(木)
25	発達心理学②										

※お申込は発送日の前後を問わず、随時受け付けます。

★印は2022年版の新規収録です。それ以外は、2021年版と同一内容ですので、既に2021年版をご購入の方はご注意下さい。

2021年合格者CIさんからのメール

講座はわかりやすく、何度も繰り返して、ギリギリまで見られるのが良かったです。
模試はしっかり理解して覚えていないと点数がとりにくいので、勉強方法を見直すきっかけとなりました。解説が丁寧でわかりやすかったです。
模試や直前チェックから試験に出ていたので、当日はおかげでより多くとれました！さすが、分析力がすごい、コムニタスさんにしてよかったと思いました。

公認心理師試験断固突破の書籍

2018年12月試験版	2019年試験版	2020年試験版
A5判約373頁	A5判457頁	A5判456頁
価格¥3,080(税込)	価格¥3,465(税込)	価格¥3,500(税込)

2021年度最新版 Coming Soon
※出版時期は下記QRコードのサイトに掲載します。
2021年試験版

公認心理師本試験の完全再現＆完全解説版
●解説は公認心理師試験対策のフロントランナー京都コムニタスが責任執筆・受験生本位の解説
【本書の類書にない特色】
1.これは便利！ユニークな問題・解説の表裏一体構成！表に問題・裏に解説（表裏一体）という製本になっていて問題を解き、直ちにその問題の解説と解き方を学ぶことができます。
2.全問題に辰已法律研究所が収集した2,000名近い受験生の肢別の解答率を添付してあります。
みんながどこに引っ掛けられたかが歴然。その肢が、またその問い方がまた狙われます。

在庫僅少
公認心理師試験
これ1冊で！**最後の肢別ドリル**
改訂版 197問増補
価格¥2,600(税込)
サブタイトル 全 分野 455肢
法律特盛 221肢
辰已法律研究所
2020年版

2021年度最新版 2021年12月発売予定 ComingSoon
※出版時期は右記QRコードのサイトに掲載します。

◆Concept1 心理系予備校と法律系予備校の強力タッグ
本書は2部構成です。第1部は試験分野別の肢別チェックです。心理系の知識をよくチェックしてください。
第2部は「法律問題の特盛」と称し, 辰已法律研究所が責任編集。公認心理師試験や関係行政法令に関する知識のまとめと肢別チェックを並べました。取っ付きにくい法律の知識が整理して得られるようになっています。

◆Concept2 1問1答形式
公認心理師試験では多肢選択式により細部についても問われ、受験者には正確な知識が要求されます。そこで, 本書では1つ1つの肢を〇×でチェックしてもらいます。

Webで購入↑

ユニークな事例問題プロパーの対策書籍

2018年試験版	2019年試験版	2020年試験版		2021年試験版

講義もあります。

2021年試験 最新版書籍 2022年1月発売予定 ComingSoon
※出版時期は上記QRコードのサイトに掲載します。

著者である▶
山口勝己先生による
事例問題の解き方本
PartIII 解説講義

詳細は右URLをご覧下さい。

2018年試験版	2019年試験版	2020年試験版
A5判272ページ	A5判227ページ	A5判336ページ
価格¥2,530(税込)	価格¥2,530(税込)	価格¥2,970(税込)

一般社団法人東京メディカルアンビシャス企画・責任　元創価大学教授　山口勝己 著

◆事例問題は得点源！
本試験の事例問題の解説書であると同時に事例問題の読み方・解き方を伝授。合格者が絶賛。
2018年版と2019年版を合わせると123問の事例問題を解くことができ、事例問題を解く発想法がよく理解できます。

◆正答率＆肢別解答率Data
掲載各問に辰已法律研究所が実施した出口調査に基づく正答率と肢別解答率データを掲載しています。

◆冒頭に、分野・問題番号・項目の一覧表を掲載しています。
出題領域がわかり効率的に学習することができます。

2022試験対策
京都コムニタス**Output体系**

❶プレ模試1回 ❷事例模試1回 ❸基本問題模試2回 ❹全国模試2回

試験対策講座100時間の説明はp4

●プレ模試 WEB受験　11/1Start〜7月　通信受験 会場受験なし

全50問90分試験をいつでも自宅で

本試験の傾向を徹底分析して50問にギュッと凝縮しました。本格的な勉強のスタートにあたって、先ずこのプレ模試でざっくりとご自分の弱点科目や苦手分野をつかんでください！知識問題40問・事例問題10問
ご自身の傾向分析後、2022 公認心理師試験対策講座の受講パターン（全科目一括、セット受講、科目別受講）をご検討ください。

●出題数
　知識問題：40問
　事例問題：10問

●WEBでの解答方式です。
解答入力後すぐにあなたの得点、全体平均点、順位、偏差値を閲覧できます。さらに・・・
全国の受験生の肢別解答率が閲覧できます。
そのデータは解答入力者が増えるに従ってリアルタイムに変化していきます。

※プレ模試は、2022年版と2020・2021年版はほぼ同一内容となりますので、2020・2021年版を既にご購入の方は、2022年版を購入される必要はありません。

肢別解答率

解答No	あなた	正答	配点	正解率	肢1	肢2	肢3	肢4	肢5
問1	2	2	3	72.2	15.2	72.2	5.0	3.6	3.1
問2	3	3	3	85.3	4.8	0.7	85.3	6.7	1.7
問3	4	4	3	72.9	2.2	2.4	6.9	72.9	14.5
問4	3	3	3	87.4	5.0	1.4	87.4	4.8	0.2
問5	3	3	3	73.6	16.4	1.4	73.6	5.2	2.4

画像イメージです

※肢別解答率からは色々な事がわかります。正解率が高ければ簡単な問題、低ければ難しい問題です。正解率の高い問題を間違えると致命傷になります。逆に、正解率の低い問題ならば、間違っても大きな痛手にはなりません。要は、いつも多数派に属しているかどうかが重要です。復習する際も、優先順位としては自分が間違えた問題のうち、正解率の高いものから知識を正確にしていきましょう。

◆申込締切：第5回本試験の11日前
●Web解答/成績閲覧期間
　2021/11/10〜第5回本試験前日

スマホなら下のQRコードから申込可能

受験料(税込)		講座コード
辰已価格	代理店価格	E2001T
¥3,600	¥3,420	

※お得な全模試6回608問一括割引（¥34,200〜）はp12

●事例模試 WEB受験　5月Start〜7月　通信受験 会場受験なし

事例問題だけ攻める
全50問100分試験をいつでも自宅で

教材作成責任者　京都コムニタス主任講師
吉山宜秀からメッセージ

事例問題は、事例を読み取る力だけでなく、検査や支援、精神疾患、初期対応や緊急対応など、幅広い知識が問われる総合問題になっています。
配点が高く、重要度の高い事例問題だけを集中的に解答し、試験の実践力を修得してください。

公認心理師本試験は全154問で構成され、そのうち単純知識問題が116問、事例問題が38問あります。
単純知識問題は116問解いて116点満点のところ、事例問題は38問解いて114点と高配点です。
事例問題は1問3点のため、得点できるかどうかが合格を大きく左右します。
この模試で事例問題に慣れ、得点源にしてください。

●出題数
　事例問題：50問

●WEBでの解答方式です。
解答入力後すぐにあなたの得点、全体平均点、順位、偏差値を閲覧できます。さらに・・・
全国の受験生の肢別解答率が閲覧できます。
そのデータは解答入力者が増えるに従ってリアルタイムに変化していきます。

注意：解答の提出はWebでのみ行っていただきますので、解答を提出し自分の成績を閲覧するには、Webとの接続環境があることが前提となります。紙のマークシートの提出はありませんので、ご注意ください。

◆申込締切：第5回本試験の11日前

◆発送期間：2022年5月11日(水)〜第5回試験9日前

◆Web解答/成績閲覧期間：
　2022/5/12〜第5回本試験前日

スマホなら下のQRコードから申込可能

受験料(税込)		講座コード
辰已価格	代理店価格	E2038T
¥4,900	¥4,655	

※お得な全模試6回608問一括割引（¥34,200〜）はp12

第4回本試験での合格率を比較すると、
全体では58,6%ですが、心理系大学院を出ているDルート受験者は、67.3%(D1)、68.6%(D2)、大学&大学院のEルート受験者は85.5%でした。
一方、現任者(Gルート)受験者の合格率は55.7%という結果で、かなり差がついています。

ここからわかることは、やはり心理学の勉強がこの試験の合格に有利に働くということです。
だからといって、既に仕事をお持ちの方が、大学・大学院に入り直すというのは無理な話です。
そこで、心理系の基本的な知識をいかに効率的に習得するかということが公認心理師対策として最大のポイントとなります。

膨大な試験範囲のどこから手をつけるか、重要度の高いキーワードは何か、心理学を勉強してきた方なら迷わない基本的／基礎的な理解・知識とは何か、これらが合格のために重要であることは多くの方が感じていると思われます。

当<基本問題模試>は、
心理学の基本／基礎知識を
解きながら身に付ける
という実戦的なコンセプトで
作成されています。

重要なキーワードがどのような形で問われるのかを実際の問題で確認しながら、答えられないところを重点的にチェックしていただきます。
これで短期間で急速に[基本的な得点力]をアップできます。

100問×2回＝200問で
試験範囲をALLカバー！
出題順が[分野別]なのでgood！

出題の順番は科目ごとに配列してありますから科目毎に知識を得やすく、勉強しやすくなっています。

当基本問題模試の出題の仕方	分野A	分野B	分野C	分野D	分野E
一般の模試出題	分野B	分野D	分野A	分野E	分野C

※200問の問題配列は図の上のようにしているので、1回分だけでも全範囲を学習できます。

※基本問題模試は、基本的問題という問題の性質上、2022年版と2021・2020年版はほぼ同一内容となりますので、2021年版以前のものを既にご購入の方は、2022年版を購入される必要はありません。

解く 問題を解くことを通して知識を身に付けていただきます。わからないところは△などのマークをつけて進めてください。

読む 解き終わって解説書を読むときは、間違ったところ、記憶があいまいだったところを先にチェックし、その後できるだけ全ての解説に目を通してください。

聴く オプション Point解説講義

京都コムニタス主任講師 吉山宜秀先生によるPoint解説講義付コースも設定しました。100問×2回の中で特に重要な問題や知識にスポットをあて、スピード解説していきます。自分だけで100問を解き、読み込んでいくには相当な時間がかかると思いますが、このPoint解説講義を先に聞いてから学習すれば、メリハリのきいた学習も可能となります。

・Point解説講義①(120分):基本問題模試100第1回に対応
・Point解説講義②(120分):基本問題模試100第2回に対応

学習方法は自在に
❶まとめて時間どおり(1回100分)解いてから復習する方法
❷1問解く毎にその問題の解説を見ながら復習する方法
あなたの学習スタイルにあわせてカスタマイズ下さい。

なお、間違った問題の間違った肢だけを読むのではなく全ての肢の解説に目を通し、周辺知識を増やしていただくことが効果的です。

基本問題模試2回		受験料(税込)		講座コード
		辰已価格	代理店価格	
2回一括	DVD解説有	¥18,000	¥17,100	E2004R
	WEB解説有	¥16,000		E2004E
	解説講義無	¥13,000	¥12,350	E2004T
1回目のみ	DVD解説有	¥9,800	¥9,310	E2002R
	WEB解説有	¥8,800		E2002E
	解説講義無	¥7,000	¥6,650	E2002T
2回目のみ	DVD解説有	¥9,800	¥9,310	E2003R
	WEB解説有	¥8,800		E2003E
	解説講義無	¥7,000	¥6,650	E2003T

※お得な**全模試6回608問一括割引**(¥34,200~)はp12

※Webでの講義受講は動画配信システム管理の都合上辰已法律研究所のWEBサイトでのお申込に限らせて頂きますので代理店での販売はありません。ご注意ください。

◆申込締切:第5回本試験の11日前
◆教材発送期間
・第1回:2021年11月1日～第5回本試験9日前
・第2回:2021年11月22日～第5回本試験9日前
◆Web解答/成績閲覧期間
・第1回: 2021年11月10日～第5回本試験前日
・第2回: 2021年11月23日～第5回本試験前日

スマホなら右記QRコードからも申込可能

全国模試

第1回 4月/5月
第2回 5月/6月

会場受験　通信受験

①ブループリント　②2018～2021年本試験　③試験委員の研究履歴
④隣接資格の国家試験　その総合的分析を踏まえて、2022問題を徹底予想！

当全国模試は、毎年1回目と2回目でコンセプトを変えて出題し好評を得ています。

第1回 2022年3・4月実施は **基礎**　押さえておきたいキーワードを、各分野から満遍なく出題します。苦手分野が一目瞭然になるように設計されていますので
→追い込みの学習目標が明確になります。

第2回 2022年5・6月実施は **実戦**　本試験を完全に想定した実戦問題をメリハリをつけて出題。自分のレベルを全国規模で判定し、本試験合格に向けて直前の追い込みに活用できます。

当模試の3つの評判

❶ 良く当たる

2021年本試験出題論点

2021全国公開模試
出題論点

2021事例模試
出題論点

2021プレ模試
出題論点

2021年も2020年に続き、当全国模試はこれだけの的中を出しています！2022年も！

◎=ズバリこの問題を解いていた人ならば本試験のこの問題は解けたであろうというレベルの的中
○=この問題を解いていた人ならば本試験の問題を解くとき相当参考になったであろうというレベルの的中

	2021本試験出題	出題内容	2021模試出題	的中度
1	1	公認心理師法	1-31	◎
2	8	幼児の行動学習	1-93	○
3	13	DSM-5、神経発達症群	2-54	○
4	14	DSM-5、PTSD群	1-12	◎
5	15	TEACCH	1-69	◎
6	19	産後うつ病	プレ-45	◎
7	20	職場復帰支援	1-21	○
8	21	児童養護施設に関する知識	2-56	◎
9	32	成年後見制度	2-64	○
10	33	労基法における時間外労働	2-133	◎

❷ 問題がよく練られている

	2021本試験出題	出題内容	2021模試出題	的中度
11	34	SV	1-129	◎
12	35	※ACP	1-150	◎
13	45	犯罪被害者等基本法	2-18	○
14	46	インフォームド・コンセントを取得する際の留意点	2-34	○
15	49	いじめ防止対策推進法	2-81	○
16	52	セクハラの防止対策	1-120	○
17	52		2-42	○
18	52		2-73	○
19	54	マインドフルネスに基づくCBT	1-131	◎
20	66	症状から状態像のアセスメント、うつ、Dem	1-46	○
21	67	心理的効果、アンダーマイニング効果	基②-69	○
22	68	アクティブ・ラーニング	2-41	○
23	69	保護観察における初回面接	2-35	○
24	78	秘密保持義務違反の是非	1-52	○
25	83	剰余・交絡変数の統制方法	1-85	○
26	83		2-12	○
27	92	サクセスフルエイジングの促進要因	2-127	○
28	93	ICF	2-38	○
29	94	Batesonの二重拘束理論	2-109	○
30	104	統合失調症の特徴的な症状	1-25	○
31	104		2-142	○
32	107	児童福祉法	2-7	○
33	108	少年法	2-130	○
34	109	個人情報開示の例外	1-52	○
35	113	インフォームド・コンセント	2-34	○
36	114	アウトリーチ	2-104	○

❸ 解説書が詳しく丁寧

	2021本試験出題	出題内容	2021模試出題	的中度
37	116	災害支援者のストレス対策	2-122	○
38	120	医療観察法	1-113	◎
39	121	うつ病で減退するもの	2-92	○
40	124	知覚の特徴	2-9	○
41	125	心理学研究の倫理	1-29	○
42	126	アルコール依存症	2-52	○
43	129	心理検査結果報告での注意点	基①-54	○
44	130	多様な働き方・生き方が選択できる社会	1-24	○
45	131	学校教育	1-36	◎
46	132	ケースフォーミュレーション	1-53	○
47	135	パニック発作の症状	1-70	○
48	135		1-152	○
49	137	応用行動分析、ABC理論	2-82	○
50	138	心理検査からのアセスメント	1-130	○
51	140	認知症が疑われる人の今後の見通し	1-56	◎
52	140		2-21	○
53	143	災害遭遇的ストレスへの対応	1-158	○
54	151	生活リズムの乱れがある大学生への助言	2-113	○

※1=2021年全国模試1回目、プレ=プレ模試、
基①=基本問題模試1回目

2021年本試験的中一覧を
公開します。
http://bit.ly/3rMdZea

全国模試

❶ 良く当たる　　　❷ 問題がよく練られている

2021本試験
問1　公認心理師法について、正しいものを1つ選べ。
① 公認心理師登録証は、厚生労働大臣及び総務大臣が交付する。
② 公認心理師が信用失墜行為を行った場合は、登録の取消しの対象となる。
③ 公認心理師登録証は、公認心理師試験に合格することで自動的に交付
④
⑤

2021全国模試[1回目]午前 問31
問31　公認心理師の取消しの事由に当てはまらないものを1つ選べ。
① 信用失墜行為を行った。
② 虚偽の事実によって登録を受けていた。
③ 成年被後見人になった。
④ 主治医の指示を受けなかった。
⑤ クライエントとカウンセリング関係以外の関係になった。

2021本試験
問20　職場復帰支援について
を1つ選べ。
① 産業医と主治医は、同一
② 模擬出勤や通勤訓練は、正式な職場復帰決定前に開始する。
③ 傷病手当金については、職場復帰の見通しが立つまで説明しない。
④ 職場復帰は、以前とは異なる部署に配置転換させることが原則である。
⑤ 産業保健スタッフと主治医の連携においては、当該労働者の同意は不要である。

全国模試 [1回目] 午前問21
問21　休業した労働者への職場復帰支援について、正しいものを1つ選べ。
① 省略　② 省略
③ 職場復帰とは原則的に元の職場ではなく、適切な部署へ配置転換させることが原則である。
④ 省略　⑤ 省略

2021本試験
問14　DSM-5の心的外傷およびストレス因関連障害群に分類される障害として、正しいものを1つ選べ。
① 適応障害
② ためこみ症
③ 病気不安症
④ 強迫症／強迫性障害
⑤ 分離不安症／分離不安障害

2021全国模試[1回目]午前問12
問12　DSM-5について、正しいものを1つ選べ。
① 精神疾患と身体疾患の診断基準である。
② 広汎性発達障害は神経発達障害群に含まれる。
③ 分離不安障害は心的外傷及びストレス因関連障害群に含まれる。
④ 双極性障害とうつ病は気分障害群に含まれる。

2021年
ズバリ的中の一部

なった。症状は徐々に悪化し、睡眠中に大声を上げ、暴れるなどの行動がみられる。「家の中に知らない子どもがいる」と訴えることもある。Bに付き添われ、Aは総合病院を受診し、認知症の診断を受けた。
Aに今後起こ
切なものを1つ
① 反響言語
② 歩行障害
③ けいれん発作
④ 食行動の異常
⑤ 反社会的な

全国模試①午前 問56
問56　認知症について、適切な
① 血管性認知症は、歩行障害と
出現する。
② Creutzfeldt-Jakob病は
年以内の死亡例が多い。
③ Lewy小体型認知症は、運動機能
④ Alzheimer型認知症は、巣症状はみられない。
⑤ 若年性認知症で最も多いのは、Lewy小体型認知症である。

問120　心神喪失等の状態で重大な他害行為を行った者の医療及び観察等に関する法律〈医療観察法〉について、誤っているものを1つ選べ。
① 通院期間は、最長5年以内である。
② 社会復帰調整官は、保護観察所に置かれる。
③ 精神保健観察は、社会復帰調整官が担当する。
④ 入院施設からの退院は、入院施設の管理者が決定する。
⑤ 心神喪失等の状態で放火を行った者は、医療及び観察等の対象となる。

全国模試①午後 問113
問113　心神喪失等の状態で重大な他害行為を行った者の医療及び観察等に関する法律〈医療観察法〉に規定される内容として、正しいものを1つ選べ。
① 処遇事件に関する管轄は、対象者の住所や行為地の家庭裁判所の管轄に属する。
② 精神保健審判員に関する規定はあるが、精神保健参与員に関する規定はない。
③ 対象者の社会復帰を目的とする。
④ 重大な他害行為とは、殺人、放火、強盗、強制性交等、強制わいせつ、暴行である。
⑤

2021本試験
問131　学校教育に関する法規等の説明として、誤っているものを1つ選べ。
① 学校教育法は、認定こども園での教育目標や教育課程等について示している。
② 学習指導要領は、各学校段階における教育内容の詳細について標準を示している

全国模試①午前 問36
問36　学校教育法第1条に規定される学校として、誤っているものを1つ選べ。
① 義務教育学校
② 認定こども園
③ 幼稚園
④ 特別支援学校
⑤ 中等教育学校

2021.10.27㈬ 受付開始

全国模試単体　受験料		解説講義	受験料（税込）		講座コード
			辰已価格	代理店価格	
通信受験のみ	2回一括	なし	¥14,500	※注1	E2043T
	1回目のみ		¥8,000		E2041T
	2回目のみ		¥8,000		E2042T
会場受験のみ	2回一括		¥14,500		E2046T
	1回目のみ		¥8,000		E2044T
	2回目のみ		¥8,000		E2045T
通信＆会場受験	1回目 通信・2回目 会場		¥14,500		E2047T
	1回目 会場・2回目 通信		¥14,500		E2048T

※注1 全国模試については、定員管理等のため辰已法律研究所のWEBのみでのお申込みとなり、代理店の取扱いはありません。

※お得な全模試6回608問一括割引（¥34,200〜）はp12

11

■全国模試

**第1回 4月/5月
第2回 5月/6月**

会場受験　通信受験

※全国模試には当日申込はありません。定員管理の為事前にWebでのお申込が必ず必要です。

会場受験 東京・大阪・名古屋・京都・福岡

問題内容・運営すべて本試験仕様。
本試験感覚を体感して下さい。

●試験時間
午前10:00〜12:00/午後13:30〜15:30

●配布物
・本試験仕様の問題冊子
・詳細な解説書冊子
・総合成績表閲覧画面URL

●受講料はP11をご覧ください。

※全国模試の会場受験について

本試験を体感するために会場受験を希望される方が多く、ソーシャルディスタンスに十分留意する形にて、会場受験を実施することに致します。

但し、新型コロナウイルス感染拡大状況によっては、会場受験実施を取り止め、お申込みいただいた方は全員通信受験とさせていただく可能性もあります点、ご了承ください。会場受験をお考えの方は、その点をご了承の上、お申込みいただきますようお願い申し上げます（会場受験と通信受験の受験料は同額のため、差額は発生致しません）。

通学受験		東京	大阪	京都	名古屋	福岡
1回目	1	4/16(土)	5/8(日)		5/1(日)	4/17(日)
	2	4/17(日)				
	3	5/8(日)				
2回目	1	5/28(土)	6/5(日)	6/11(土)	6/12(日)	6/4(土)
	2	5/29(日)				

●東京会場
・第1回 全日程【辰已法律研究所東京本校】JR・地下鉄東西線・西武新宿線「高田馬場駅」徒歩5分

　　　5/8(日)はもう1か所⇒【飯田橋レインボービル】各線「飯田橋駅」徒歩5分
・第2回【辰已法律研究所 東京本校】JR・地下鉄東西線・西武新宿線「高田馬場駅」徒歩5分
　　　【飯田橋レインボービル】各線「飯田橋駅」西口徒歩5分
●大阪会場：【大阪私学会館】JR東西線「大阪城北詰駅」<3番出口>徒歩2分
●京都会場：【京都経済センター】地下鉄烏丸線「四条駅」北改札口すぐ
●名古屋会場：【名古屋大原学園4号館】「名古屋駅」ユニモール地下街12番
　　　　　　　　・14番 出口すぐ
●福岡会場：【第三博多偕成ビル】「博多駅」<筑紫口>徒歩6分

会場詳細/MAP

通信受験

●申込期限
・第1回 一次〆切：2022年4月10日(日)
・第2回 一次〆切：2022年5月22日(日)
・第1〜2回最終申込み〆切：本試験日11日前

●解答提出期限
・WEB入力方式
　第1〜2回：本試験日前日まで解答の入力及び成績判定可
・マークシート提出方式
　第1回：2022年5月6日(金) 辰已法律研究所必着
　第2回：2022年6月9日(木) 辰已法律研究所必着

●教材発送
・第1回 一次発送：2022年4月15日(金)(※4/10(日)までお申込分)。以後、随時発送。
・第2回 一次発送：2022年5月27日(金)(※5/22(日)までお申込分)。以後、随時発送。
・第1〜2回最終発送：本試験日9日前

問題冊子・解説冊子を、当方から事前に発送します(Pdfダウンロード方式ではありません)

←当全国模試を含むWebでのお申込みはこちらから

●解答の方法は2つからいずれか選択 ※受験料金は同一です。
❶Web入力方式
❷マークシートを辰已法律研究所に郵送する方式

❶→試験終了後指定されたURLに自分の解答を入力すると、入力後直ちに自分の点数・正答率・受験生全体の正答率などのDataを閲覧できて便利な方式です。但し、Webへの環境が必要です。
❷→Webとの接続環境にない方や慣れていない方は、紙のマークシートにマークしこれを辰已に郵送して頂きます。到着後採点の上辰已から成績を郵送しますので、試験終了後若干の日数がかかることをご了承下さい(答案用紙の郵送料は各自でご負担下さい)。

●成績表発送
・第1回マークシート提出者への個人成績表発送
　2022年5月16日(月)
・第2回マークシート提出者への個人成績表発送
　2022年6月20日(月)
※Web入力方式で解答提出の場合、そのままオンラインでご自分の成績をすぐにチェックできます。

受講料はP11をご覧ください。

京都コムニタスの模試一括 全6回 608問

2021.10.27(水) 受付開始

全国模試 2回308問	＋	プレ模試 1回50問	＋	事例模試 1回50問	＋	基本問題模試 2回200問

模試全6回の一括申込 3パターンの受講料金	パック割引価格	講座コード
❶ 全国模試2回一括＋プレ模試1回＋事例模試1回＋基本問題模試2回一括WEB解説講義付	¥37,100	E2061E
❷ 全国模試2回一括＋プレ模試1回＋事例模試1回＋基本問題模試2回一括DVD解説講義付	¥39,000	E2061R
❸ 全国模試2回一括＋プレ模試1回＋事例模試1回＋基本問題模試2回一括解説講義無	¥34,200	E2061T

お申込方法

1. Webでのお申込　PC又はスマホ

❶クレジットカード決済　❷コンビニ決済
❸携帯電話キャリア決済　等

https://sinri-store.com/

心理ストア　[検索]

スマホの場合QRコードからも可能です

2. ☎でヤマト運輸デリバリーサービス
　　（代金引換）のお申込

❶現金支払い　❷クレジットカード決済
❸デビットカード決済

ヤマト運輸のデリバリーサービスをご利用いただけます。
お支払いは、直接ヤマト便の配達員にして頂きます。
上限は30万円です。

※講座料金のほかに①別途ヤマト便所定の代引き手数料
及び②辰已事務手数料500円がかかります。

●ご注文はお電話で：辰已法律研究所デリバリーサービス係
0120-656-989
/平日・土曜(日・火・祝を除く)12:00-18:00

3. 代理店(大手書店・大学生協)での申込

❶現金支払い　❷クレジットカード決済
❸デビットカード決済

※❷と❸は代理店によっては使用できない場合があります。

書店：紀伊国屋・ジュンク堂・有隣堂・くまざわ
等　各店舗に事前にお問合せ下さい。

大学生協：大学事業連合に加盟している大学
生協で取り扱われますが、事前に各生協にお
問合せ下さい。　全国代理店一覧QRコード→

https://bit.ly/383MAfB

4. 辰已法律研究所(東京本校・大阪本校)の窓口申込

❶現金支払い　❷クレジットカード決済
❸デビットカード決済　❹教育ローン（最大60回迄）

●東京本校　東京都新宿区高田馬場4-3-6

☎03-3360-3371(代表)
営業時間　12:00～18:00
毎週火曜定休

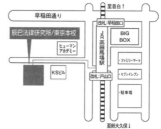

●大阪本校　大阪府大阪市北区堂山町1-5
　　　　　　　三共梅田ビル8F

☎06-6311-0400(代表)
営業時間　平日13:00～18:00
　　　　　／土・日曜　9:00～17:00
毎週火曜定休

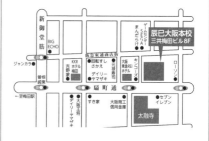

●お申込等についてのお願い

1 受講料には消費税が含まれています(辰已事務局受付価格。書店・生協によっては、消費税による端数の処理が異なり、価格が1円単位で異なる場合が
あります)。尚、税率変更の際は、差額をご負担いただく場合がございます。予めご了承ください。

2 受講申込後、解約の必要が生じた場合は、受付にお申し出下さい。講座開始前の返金金額は、パック料金、割引き料金、代理店(生協含む)での申
込み金額から、解約手数料を差し引いた金額です。解約手数料は講座受講料の20%を原則とし、上限を50,000円とさせていただきます。講座開始
後の返金金額は、受講料から受講済み部分に相当する受講料及び解約金を差し引いた金額です。受講済み部分に相当する受講料は、パック料金、割引
き料金、代理店(生協含む)での申込み金額を基礎に、通学講座では時の経過分、通信講座では発送終了分として算出させていただきます。解約手数料
は講座受講料の20%を原則とし、上限を50,000円とさせていただきます。なお、教育ローンをご利用の場合には、返金金額より、ローン会社に当社
が支払わなければならないキャンセル手数料相当額を控除させていただきます。

3 通学部講座について：コロナ感染症予防のためのソーシャルディスタンス確保の為、教室定員を設定していただき定員管理は全てWEB上で行いま
すので、通学部のお申込みは全て辰已法律研究所のWEB窓口からのみのお申込みとなり、代理店での取扱いはありませんのでご注意下さい。また、満
席になりますとお申し込みをお受けできませんので、お申込みはお早めにお願いいたします。

4 地震・火災・講師の急病等、やむをえず休講・代講をする場合があります。予めご了承ください。その際のご連絡はHP掲載及びご登録のメールに配信
いたします。

5 郵便振替・銀行振込・現金書留の場合：通信部のお申込は申込締切日の1週間前、通学部は開講日の1週間前までの必着でお願い致します。但し、通信
講座についてご事情があれば随時ご相談に応じますのでお問い合わせ下さい。☎通信部フリーダイヤル0120-656-989
生協・提携書店での通信講座をお申込みの場合、申込書控えを辰已法律研究所迄ご郵送ください。

辰已法律研究所・BOOK GUIDE

公認心理師過去問詳解

2019年試験 完全解説書

2020年12月20日 第3回試験 完全解説版

京都コムニタス 著

公認心理師
過去問詳解
2019年試験
完全解説書

京都コムニタス 著

■ 2019年試験 全問題の完全解説／詳細版
■ 解説は公認心理師試験対策講座のフロントランナー
京都コムニタスが責任執筆。受験生本位の解説。
■ 解作業に集中できる問題・解説表裏一体方式
■ 全問題に受験生の肢別の解答率を添付／
みんなはどこに引っ掛けられるかが歴然。
その肢が今年も問われる。

定価 本体**3,150**円＋税

辰已法律研究所

定価 税込￥3,465（本体￥3,150）

公認心理師
過去問詳解
2020年12月20日 第3回試験
完全解説版

京都コムニタス 著

◆ 受験生本位の解説がとても詳しくて分かりやすいと好評
◆ 公認心理師試験対策講座のフロントランナー
京都コムニタスが責任執筆。
◆ 問題と解説が表裏に印刷されていて学習にとても便利
◆ ユニーク！全問題に受験生の肢別の解答率を掲載！
60％以上の人が正解する問題、あなたは？そこが危ない！

定価 3,500円（税込3,182円）

辰已法律研究所

定価 税込￥3,500（本体￥3,182）

◆問題・解説表裏一体型
これは，辰已法律研究所が法律系資格の本試験の解説本で30年以上行ってきた方式であり，これにより問題を解くことに集注できるとして受験生に好評を得てきた方式です。

◆必要十分な分量の解説
解説では，必要十分な分量の解説を掲載しています。

◆受験者の解答再現Dataに基づく正答率と肢別解答率データ
解説編の各問に辰已法律研究所が京都コムニタスと協力して実施した出口調査に基づく正答率と肢別解答率データを掲載しています。ぜひ参考にして勉強してください。

◆体系目次と正答率一覧
目次のほか，体系目次（問題を体系順に並べた目次）と正答率一覧を掲載しています。問題を体系的に学習できたり，正答率の高い問題（いわゆる落とせない問題）を選んで学習することができます。

A5判並製

公認心理師試験
事例問題の
解き方本 PartⅠ・Ⅱ・Ⅲ

元創価大学教授　山口 勝己 監著

全国有名書店
大学生協
辰已事務局にて
取扱中

PartⅠ
定価 税込￥2,530（本体￥2,300）

PartⅡ
定価 税込￥2,530（本体￥2,300）

PartⅢ
定価 税込￥2,970（本体￥2,700）

◆事例問題は得点源！事例問題攻略に特化した本試験過去問の解説書！

Part Ⅰは，2018 年 9 月 9 日の第 1 回試験から事例問題全 38 問と 2018 年 12 月 16 日の第 1 回追加試験から 27 問をセレクトして解説しています。

Part Ⅱは，2019 年 8 月 4 日の第 2 回試験から事例問題全 38 問と著者による新作問題 20 問を解説しています。

Part Ⅲは，2020 年 12 月 20 日の第 3 回試験から事例問題全 38 問と 2018 年・2019 年に実施された 3 回分の試験から①頻出 3 領域から 27 問②難問 10 問の合計 37 問を Pickup して解説しています。総数 75 問の事例問題を学習できます。

◆これは便利！問題・解説の表裏一体構成！

各試験の冒頭に，分野・問題番号・項目・キーワード等の一覧表を掲載しています。そして，各事例問題を分野別に配置し，問題・解説を表裏一体構成で掲載しました。問題を解いてから，解説を読むことができます。

◆出口調査に基づく正答率と肢別解答率データ掲載！

各問に辰已法律研究所が京都コムニタスと協力して実施した出口調査に基づく正答率と肢別解答率データを掲載しています。

A5判並製

公認心理師試験対策は
このサイトから！
https://sinri-store.com/

辰已法律研究所
公認心理師試験対策

書籍	対策講座	ご利用ガイド	会社概要

公認心理師試験対策
試験対策講座・現任者講習会・参考情報

公認心理師試験・国家試験

令和3年第4回公認心理師試験の合格発表がありました（令和3年10月29日）。
詳しくはこちら（日本心理研修センターHP）をご覧ください。合格者数等のデータのほか、問題文と正答などを見ることができます。また第1回以降過去全ての試験情報へのリンクもあります。

令和4年第5回公認心理師試験は令和4年7月実施予定です。
Gルートからの受験は令和4年第5回試験までに限られており、受験機会は残り1回となりました。最後のチャンスを生かすよう頑張ってください！

厚生労働省
●今後の公認心理師試験のスケジュール（予定）

一般財団法人 日本心理研修センター
●公認心理師試験について

▶【合格者の声】はこちら

過去の情報はこちら

検索

公認心理師試験
対策講座 ❯

公認心理師試験 雑誌
合格の実像（リアル）
いますぐWeb購入

公認心理師試験
「事例問題の解き方」本
いますぐWeb購入 ❯

公認心理師試験
「過去問詳解」
いますぐWeb購入 ❯

@boadtatmさんのツイート ⓘ

辰已法律研究所
@boadtatm

辰已法律研究所 出版ブログ：【新刊】論文対策 1冊だけで選択科目シリーズblog.livedoor.jp/accstatsumi/ar

   4時間

公認心理師試験2022年受験対策
【INPUT講義100時間＋OUTPUT模試6回608問】Perfectプログラムの申込受付中。

2022年 〜第5回受験予定者対象〜
公認心理師試験対策